ABENTEUER MARINE

Warum die heilige Barbara ihren goldenen Hammer
liebt

Heiko Frerichs wurde 1973 in Wilhelmshaven geboren und wuchs am Jadebusen der Nordsee auf. Sein Vater, ein Schiffsoffizier, nahm ihn bereits als Kleinkind mit auf Seereisen in ferne Länder. Nach einer Ausbildung zum Feinmechaniker im Marinearsenal entschied sich Frerichs, den zivilen Blaumann gegen eine Marineuniform zu tauschen. In seiner Unteroffizierslaufbahn verband er sein Interesse an der Waffentechnik, mit der Liebe zur Seefahrt. Auch nach der Marinezeit ist Frerichs seiner Heimatstadt am Meer treu geblieben. Heute arbeitet und lebt er dort mit seiner Familie und ist im Bereich der Immobilienbetreuung tätig. Regelmäßige Besuche am Strand, werden immer mit dem Weitblick aufs Meer verbunden.

Bibliografische Information der Deutschen Nationalbibliothek:
Die Deutsche Nationalbibliothek verzeichnet diese Publikation in der
Deutschen Nationalbibliografie; detaillierte bibliografische Daten sind im
Internet über dnb.dnb.de abrufbar.

© 2024 HeikoFrerichs
Herstellung und Verlag: BoD – Books on Demand, Norderstedt
ISBN: 978-3-7597-2346-8

Inhaltsverzeichnis

Vorwort

Marineartilleristen werden vermutlich über den Titel bereits schmunzeln. Aber keine Sorge, das Buch ist weitgehend jugendfrei.
In meinen Aufzeichnungen aus den Jahren 1994 - 1998 beschreibe ich meine Zeit als Unteroffizier in der Marine.

In meiner Funktion als Marineartillerist (Verwendungsreihe-31) für Über-wasserwaffenmechanik war ich an Bord der Fregatte „Köln" für nahezu alles zuständig, was explodiert und raucht.
Während meiner Dienstzeit erlebte die Marine eine umfassende Neuaus-richtung ihrer Aufgabenbereiche. Der Kalte Krieg war für uns vorbei und Deutschland wiedervereinigt. Die vorherige Landesverteidigung verlagerte sich zunehmend auf „Out of Area" Einsätze, um Krisen und Konflikte ein-zudämmen oder gleich zu verhindern. Die Aufgaben innerhalb der UN und NATO und an die Bundeswehr gestellten Anforderungen waren größten-teils neu und für uns Seeleute umso spannender.
In meinem Buch schildere ich das Leben an den Marineschulen, die Mari-netraditionen, das Bordleben und insbesondere die Kameradschaft, die Disziplin aber genauso viel Unfug und Spaß aus dieser Zeit.
Die Bilder in diesem Buch habe ich selbst aufgenommen oder sie stam-men aus meiner Kamera.
Wer ebenfalls in dieser Zeit seinen Militärdienst geleistet hat, wird sich in vielen Geschichten wiedererkennen. Aber auch Fregattenfahrer und Sol-daten aus anderen Zeitepochen, werden über den Wandel der Zeit er-staunt sein.

Ich habe meine damaligen Erlebnisse, so lebhaft und prägnant wie ich sie damals wahrgenommen und wie sie mir bis heute im Gedächtnis geblie-ben sind, zu Papier gebracht. In diesem Bestreben, habe ich sorgfältig darauf geachtet, sämtliche militärisch-technischen Details mit höchster Präzision zu erfassen. Allerdings kann ich nicht garantieren, dass jede

meiner Angaben einer weiteren Präzisierung bedarf oder in allen technischen Details vollständig korrekt ist.

All denjenigen, die ihr Herz an das Meer verloren haben, wünsche ich viel
Spaß beim Lesen.

Mit maritimen Grüßen

Heiko Frerichs

Marinewaffenschule B Kappeln Grundausbildung (04.07. - 30.09.1994)

Im Sommer 1994 stieg ich mit einem kostenfreien Ticket der Bundeswehr in einen Zug der Bahn. Von meiner Heimatstadt Wilhelmshaven ging es zur Marine-Grundausbildung nach Kappeln an der Schlei in Schleswig-Holstein. Das heißt, eigentlich ging es nur bis zum Bahnhof Süderbrarup, den Ort, den man aus den Werner Filmen kennt. Der bevorstehende Grundwehrdienst an der Marinewaffenschule war das beherrschende Gesprächsthema unter den jungen Rekruten im Zug. Wir waren aufgeregt, überspielten es als junge Männer aber so gut es eben ging. Bereits im olivfarbenen Bundeswehrbus nach Kappeln / Ellenberg lernten wir uns untereinander kennen. Jeder von uns verstand, ab heute sitzen wir irgendwie alle zusammen im selben Boot. Ein Gefühl der Kameradschaft entstand in wenigen Minuten. Für uns junge Rekruten war die neue Marinewelt der Start in ein neues Abenteuer.

Die ersten Tage der „Grundi" bestanden zunächst aus einem „Stubenarrest" in der Kaserne, ohne abendlichen Ausgang ins Dorf. In dieser Zeit wurden wir neu eingekleidet und lernten die Uniform zu tragen und herzurichten. Angefangen beim traditionellen Binden des Matrosenknoten mit dem blauen Streifen, bis zum Kürzen des Mützenbandes der Waffenschule. Alles musste glänzen und sitzen. Mit Stolz trugen wir die „Wäsche achtern". Wir falteten den Marinebock, ohne eine Welle in der Bettdecke zu hinterlassen und richteten den Spind bis ins kleinste Detail einheitlich ein. Die Grundausbildung wurde sowohl in die militärischen Grundlagen als auch die spezialisierte militärfachliche Verwendung aufgeteilt. Alle Kameraden aus unserer Inspektion hatten eine metallfachliche Ausbildung in mechanischen Berufsbereichen vorzuweisen. Die meisten waren Zeitsoldaten, einige aber auch Wehrdienstleistende, die sich später dazu entschlossen, ihre Dienstzeit zu verlängern. An der Waffenschule konzentrierten wir uns in der Ausbildung hauptsächlich auf das 76 Millimeter Geschütz „OTO-Melara". Wir erlernten die Planmäßige Material Erhaltung

(PME) der Waffe und auch die Fehlersuche mit Reparatur. Die Ausbildung war umfangreich und eng strukturiert. Täglich lernten wir sehr viel, die Abfrage folgte immer am Tag darauf, sowohl schriftlich als auch praxisbezogen.

Bei den militärischen Grundlagen funktionierte alles nur unter Drill. Auf Kommando der Ausbilder mussten wir schnell vor dem Gebäude antreten und uns ausrichten. An einem der vielen heißen Juli-Tage übernahm diese Aufgabe ein junger sächsischer Hilfsausbilder. Er hatte im Allgemeinen ein sehr loses Mundwerk und benahm sich uns gegenüber, wie ein alter Marineveteran. Wir nahmen ihn alle nicht sehr ernst, da er die Grundausbildung auch erst kurz zuvor beendet hatte. Bei einer erneuten Antrete-Übung stolperte ein Kamerad und fiel in voller Gefechts-Montur auf die Fliesen. Er rutschte noch im Inspektionsgebäude direkt vor die Füße des Hilfsausbilders. Als der Hilfsausbilder ihn gerade anschreien wollte, nahm der Kamerad seinen Stahlhelm vom Kopf und knallte ihm diesen wutentbrannt vor die Füße. „Ich habe die Schnauze so gestrichen voll!", schrie der stets besonnene Matrose. Der Hilfsausbilder war in diesem Moment so perplex, dass er mit hängenden Schultern nur noch kleinlaut entgegnete: „Dann beschweren Sie sich doch bitte beim Unteroffizier." Während des Antretens vor dem Gebäude liefen uns vor Lachen die Tränen aus den Augen. Sobald wir uns einigermaßen beruhigt hatten, fing hinter uns wieder einer an zu lachen. Mein engster Kamerad, Matrose Mike S., bekam sich nicht unter Kontrolle und steckte die vordere Reihe immer wieder mit seinem sympathischen Lachen an. Mike hatte ich zuvor vollkommen falsch eingeschätzt. Er trug einen roten Vollbart und hatte eine Glatze. Im ersten Eindruck meine Vorstellung eines wilden Wikingers. In Wirklichkeit war er so friedliebend, dass er nicht mal einer Fliege etwas zuleide tun konnte. Wir wurden sehr gute Freunde.

Während des Formaldienstes liefen wir mit voller Ausrüstung entlang der Unterkunftsgebäude und des Exerzierplatzes. An jeweils drei verschiedenen Tagen krabbelte eine Wespe unter den Stahlhelm unseres größten sächsischen Kameraden. Die Wespe stach ihm immer wieder mehrfach in den Kopf und es klopfte regelrecht unter dem Helm. Er zappelte jedes Mal aus der Reihe und schrie: „Mistkrabbelviechzeuch". Seine Hände rissen am Kinnriemen und der Helm flog im hohen Bogen davon. Der Ärmste tanzte immer wieder über Backbord aus der Reihe und wischte sich durch die Haare. Unser kompletter Zug war jedes Mal vor Lachen nicht mehr zu führen.

Die Unteroffiziere ließen uns deshalb gerne zur Strafe und Disziplinierung hin und her rennen. Das lief meistens mit dem Kommando: „Zweiter Zug ACHTUNG! An der Hauptwache antreten." Nach einem kurzen Stillgestanden vor unserem Vorgesetzten Maat F., rannten wir wie befohlen zur weit entfernten Hauptwache. Noch gerade in Hörreichweite rief er dann erneut: „Zweiter Zug ACHTUNG! In Linie antreten!" Und schon ging es wieder zurück zum Unteroffizier, wo wir uns erneut vor ihm ausrichteten und wieder „Stillstanden". Der Formaldienst soll das Verhalten des Soldaten trainieren dem Vorgesetzten auf Kommando zu folgen. Er ist für die äußere und innere Disziplin im militärischen Dienst unerlässlich und jeder Rekrut musste da zunächst einmal durch. Da wir sehr häufig durch Spaß und flotte Sprüche auffielen, ließ uns Maat F. noch sehr oft den Weg zur Hauptwache antreten. Irgendwann, als er wieder einmal übertrieben streng herumschrie und wir den Weg zur Hauptwache rannten, überhörten wir einfach seinen leisen Rückrufbefehl. Einer von uns sagte schlichtweg lachend: „Komm' lasst uns bis zur Hauptwache rennen und dort auf ihn warten." Gewiss, es grenzte fast an Meuterei und Maat F. brüllte, als würde es um sein Leben gehen. Ein zweiter Ausbilder, Obermaat M. übernahm unsere weitere Formaldienstausbildung. Er war in seiner Art viel gelassener und er hatte unseren Respekt und unser Vertrauen. Schnell merkte er, dass wir den Formaldienst eigentlich gut beherrschten.

Nachts drohten uns dann die ersten Nachtalarme. Um in fünf Minuten ausgerichtet vor den Offizieren stehen zu können, bauten wir uns einen

Alarmstuhl neben dem Bock, unserem Schlafplatz. Die Kleidung war so abgelegt, dass wir das Koppel, mit ABC-Ausrüstung, Magazintaschen und den Rucksack schnell überwerfen konnten. Alles ohne Licht, mit maximal ein paar DM-12 Knallkörpern, die kurz mal auf dem Flur aufblitzten und jedem seine Tiefschlafphase raubten. Die DM-12 waren sogenannte Einschlagsimulatoren und wurden auch Übungsdetonatoren genannt. Sie knallten noch richtig laut und jeder hatte Respekt davor. Noch bis 1997 wurden sie in der Truppe eingesetzt und der Inhalt bestand aus 16 Gramm Schwarzpulver, später wurde nur noch die reduzierte Variante von 5 Gramm verwendet.

Während des Nachtalarms liefen wir dann 12 Kilometer durch das schöne, hügelige, schlafende Schleswig-Holstein. Im Morgengrauen in Kopperby befahl unser Ausbilder dann einen „ABC-Alarm"! Eine halbe Minute später marschierten wir mit unseren ABC-Schutzmasken weiter. In der Morgendämmerung kamen wir an einer Kuhherde auf einer Wiese vorbei und die Tiere liefen neugierig zu uns an das Gatter. Als die Kühe jedoch von nahem unsere grünen Gesichter mit den merkwürdigen langen Nasen sahen, stürmten sie alle aufgeregt muhend davon. So große entsetzte Kuhaugen hatten wir alle noch nie gesehen. Vermutlich dachten die armen Tiere, wir wären die grünen Marsmännchen. Dabei waren wir doch nur die, von der MWaS (Marine-Waffenschule). Durch die gefilterte dünne Luft unter der ABC-Schutzmaske erstickten wir fast bei unseren Lachanfällen. Es wurde nicht besser, als wir im Morgennebel, dazu mit von innen beschlagener Maske, selbst unseren Vordermann nicht mehr sahen. Die Müdigkeit trug dazu bei, dass unser Zug sich kurzzeitig in zwei Richtungen aus den Augen verlor. Ein Soldat pennte und bog einfach nicht ab. Alle anderen folgten ihm mit schniefendem Rüssel der Masken. Unser Ausbilder Obermaat M., dem unser Zug auf einmal achtern zu ruhig wurde, fügte seine Schäfchen mit lautem Gebrüll im Nebel wieder zusammen.

Zum Ausgleich des vielen Lernens und der Strapazen gingen wir liebend gerne Billard spielen oder nahmen in der Diskothek „Kalesche" Kontakt mit den weiblichen Dorfschönheiten auf. Viele Nächte verbrachten wir auch in Eckernförde („K1"), Schleswig („Ela Ela") oder der kleinen Touri-Disco in Damp 2000. Im Sommer wimmelte es nur so von dänischen Touristinnen dort oben.

Laut dem Ausbildungsplan sollten wir die Marschlieder „Madagaskar" und „Schwer mit Schätzen" auswendig lernen. Das Lied „Wir lagen vor Mada-gaskar, und hatten die Pest an Bord", kannte so gut wie jeder von uns.
Es klang nach ein wenig Proben auch während des Marschierens schon sehr gut. Wir hatten viel Spaß zusammen und das Kameradschaftsgefühl der Marine war deutlich spürbar. Bei dem Lied „Schwer mit den Schätzen" hatte hingegen jeder von uns eine Blockade und keiner eine Vorstellung wie es melodisch gut klingen soll. Wir übten und übten in der Sommerhitze und marschierten und sangen. Klanglich war es eher eine Katastrophe als eine Strophe.
In einer Marschkolonne gab der erste Mann links vorne den Liednamen an den jeweiligen Hintermann der linken Reihe weiter bis es den linken hinte-ren Mann am Ende der Reihe erreichte. Dieser bestätigte laut mit dem Ruf: „ACHTERN, EINGEPICKT und (dann alle zusammen) BEMUSSST." Sodann stimmten alle zusammen das Lied an und marschierten im Takt weiter. Es war ein heißer Augusttag. Wir wurden wiederholt vom Ausbilder

zum Anstimmen des Liedes „Schwer mit den Schätzen" aufgefordert. Der Vordermann gab wie gewohnt den Liednamen an den jeweiligen Hintermann weiter.

„Schwer mit den Schätzen"

„Schwer mit den Schätzen"

„Schwer mit den Schätzen"

Irgendwo in der Mitte, änderte aber ein Kamerad den Liedtext von „Schwer mit den Schätzen" in „Schwer in der Scheiße"! Es war so spontan und trocken, dass uns vor Lachen die Tränen aus den Augen liefen. Der Unteroffizier ließ uns noch oft an der Hauptwache antreten und rennen. Unseren Humor bezwang er jedoch nie und wir beließen es am Ende dann doch bei dem Lied „Madagaskar".

Nach dem Dienst traf ich mich regelmäßig mit meinem Kameraden Mike S. in der Sporthalle. Wir trainierten vorrangig japanisches Jiu-Jitsu. Ein anderer Kamerad schaute ebenfalls beim Training zu und erzählte uns stolz, dass er ostdeutscher Bezirksmeister im Boxen war. Ich ging unbedacht darauf ein, dass ich eigentlich kaum boxen kann. Nur etwas Kickboxen, Karate, Jiu-Jitsu und ATK. Meinen Kampfsportlehrer musste ich bei etlichen Kickbox-Unterrichtsstunden vertreten. Und treten konnte ich gut. Der Matrose ließ nicht locker und wollte unbedingt kämpfen. Wir einigten uns darauf, dass er boxte und ich meine Füße einsetzte. Der Kampf begann und ich hielt ihn mit diversen schnellen Tritten in den Bauch und Brust auf Abstand. Bei seinem 120 Kilo Kampfgewicht war ich grundsätzlich vorsichtig. Mein Sparringspartner kam hingegen kaum in seine Box-Reichweite. Er wollte gerade in seiner Deckung zu einem Schwinger abtauchen, da setzte ich einen „Ura-Mawashi-Geri" (Rückwärts-Rundkick) an. Den Tritt hatte ich im Sommer jeden Tag über Stunden lang an einer Wäscheleine mit Karabinerhaken trainiert. Die Energie schoss den Karabiner in Millisekunden zur Seite. Es kam mir vor wie in Zeitlupe, viele andere sahen den ansatzlosen Tritt nicht einmal. Meine Hacke erwischte die Matrosennase im Aufwärtsgang von unten und er richtete sich durch den

Schlag sofort auf. Doch auch im Absetzen kassierte er nun noch meine Zehenspitzen an der Nase. Der Kamerad schrie auf und hielt sich seine runde Nase. Mike sprang mit auf die Matte und zusammen versuchten wir den Kameraden in der Aufrechten zu halten. Er verdrehte die Augen und Blut schoss ihm Sekunden später aus der Nase. Er sackte verzögert, durch ein klassisches K.o., in sich zusammen. 120 Kilo Gewicht waren für Mike und mich nicht zu halten. Mike rief mir beiläufig zu: "Nun hast Du ihn umgebracht, ... der ist komplett hin!" Wir verarzteten unseren Kameraden so gut es ging. Seine Nase war zum Glück nicht gebrochen und er konnte als „Boxer" tatsächlich gut einstecken. Meine Marinelaufbahn bekam zum Glück keinen Knick durch ein „Diszi" vom Spieß. Der Matrose schwor sich nie wieder gegen einen Kampfsportler anzutreten und ich schwor mir, nie wieder leichtfertig aus Spaß zu kämpfen. Wir hatten beide unsere Lektionen gelernt und respektierten uns kameradschaftlich.

Während einer 56 Stundenübung wurde ich als Läufer (Nachrichten-Melder) für unseren Hörsaalleiter Leutnant E. eingesetzt. In dieser Nacht sollten wir von dem Systemlehrgang F1 in einem Waldstück angegriffen werden. Unser geplanter Feind bestand vorrangig aus Maaten und Solda-ten mit vorhandener Seeerfahrung aus dem Systemlehrgang F1. Nach-dem ich mehrfach Meldungen meines Offiziers in das benachbarte Camp gebracht hatte, lief ich zurück zum Leutnant. Der „Feind" kam immer näher und versuchte, unser Lager anzugreifen. Mehrfach hörten wir Feuerstöße, ohne aus unseren Stellungen genau zu wissen, wer überhaupt schoss und wo sich der Gegner befand. Leutnant E. schickte mich westwärts, in ein anderes Camp, um ein neues Lagebild zu erhalten. Er bot mir sogar an, seine MP2 Maschinenpistole UZI auf dem Weg mitzunehmen. Da ich bis dato aber noch keine Einweisung an der UZI hatte, lehnte ich seinen Vor-schlag respektvoll ab. Mein Ziel lag auf der anderen Seite des Waldes und ich wusste nicht genau, wo sich der gegnerische F1 Zug befand. Mein Plan war es, den kürzesten Weg einzuschlagen, der direkt über ein Feld führte. Von unserer eigenen Seite wurde jede Minute eine Gefechtsbeleuchtung in den Himmel geschossen. Ich wartete, bis die Leuchtkugel erloschen war und sprintete augenblicklich in die fast vollständige Dunkelheit. Auf der anderen Seite des Lagerplatzes erreichte ich einen Hauptbootsmann des ersten Zugs. Nach einem kurzen Informationsaustausch konnte er mir aber auch keine aktuelleren Erkenntnisse zum Lagebild benennen. Nur, dass es in der Nähe zu Schüssen kam. Fazit, im Westen nichts Neues. Erneut war ich wieder auf mich allein gestellt. Zurück zum Leutnant meines Zuges. Der Lagerplatz wurde nun nahezu dauerhaft mit weißen Leuchtkugeln beschossen. Hatten meine eigenen Kameraden mich etwa beim Sprint erahnt und dachten ich sei der Gegner? Mein spontaner Plan für den Rückweg war, hinter einem Wall zurückzulaufen. Eigentlich war dieser Bereich für uns gesperrt, weil dort angeblich ein Moorgebiet lag. Für mich war es jedoch der einzig verbleibende Rückweg mit ausreichender Deckung und einem hohem Lauftempo. Ich sprintete erneut in die Dunkelheit und sprang über einen angrenzenden Wall, ohne vorab zu wissen, was nun wirklich dahinter lag. Wieder einmal sah ich meine Welt in Zeitlupe ablaufen! Noch in der Luft blitzten die Mündungsfeuer aus vier oder fünf Pistolen (P1) auf. Ein Unteroffizier brüllte, noch bevor ich zwischen ihnen gelandet war: "Feuer einstellen!!!" Ohne es vorab zu erahnen, war ich genau in das feindliche Lager gesprungen und war theoretisch aus nächster Nähe von den Geschossen zersiebt worden. Zwar handelte es sich nur um Platzpatronen, aber dennoch trafen mich der Schmauch und die Druckwellen aus nächster Nähe. Die Soldaten vom F1 freuten sich sogleich über ihren ersten Gefangenen. Sie wollten von mir wissen, wo sich unsere Zugflagge befand und wo ich hinwollte. Ich sagte ihnen nur, dass ich bereits tot sei und sie von mir keine Informationen mehr zu erwarten hätten. Sie schleppten mich entlang des langen Walls. Meine Sprungrichtung verriet leider wohl auch indirekt meinen geplanten Weg. Sie begannen mich auszufragen und ich sprach in immer lauterem Ton verwirrende Sätze, um auf uns aufmerksam zu machen und unseren Standort zu verraten. Auf einmal blitzten 30 Schuss aus einem UZI-Magazin auf. Hätte ich die MP2 vom Leutnant etwa doch besser mitnehmen sollen?!? Leutnant E. hatte sich hinter einem Baum versteckt und das Feuer auf uns eröffnet. Wäre ich an seiner Stelle gewesen, hätte ich es vermutlich genauso gemacht. Aber da ich im Grunde schon vorher vom Feind getroffen worden war, zählte der zweite Abschuss ja nun eigentlich auch nicht mehr.

Am letzten Tag der 56 Stundenübung ging es dann den langen Weg zurück in die Kaserne nach Kappeln. Wir befanden uns auf einem Truppenübungsplatz außerhalb von Eckernförde. Mit vollem Kampfgepäck liefen wir nach Eckernförde. Bereits jetzt war ich schon so erschöpft wie bei keinem weiteren Marsch in meiner Marinezeit.

Auf dem Rückmarsch nach Kappeln bezweifelte ich innerlich, die Strecke wegen meiner Müdigkeit überhaupt durchhalten zu können. Da wir keinerlei Informationen hinsichtlich unserer Route bekamen, waren wir zunächst erfreut, als wir in den Marinestützpunkt in Eckernförde einmarschierten. Wir rechneten mit einer Marschpause und erhielten sie auch. Mit drei Zügen besetzten wir dicht aneinandergedrängt, ein Mehrzwecklandungsboot der Barbe-Klasse und fuhren zum Stützpunkt Olpenitz. Obwohl wir im September noch mildere Temperaturen hatten, war es auf der Ostsee doch schon sehr kalt. Das Landungsboot ritt stampfend jede Welle ab und im Tal traf uns die Gischt der Wellen. Wir zitterten vor Nässe und Kälte am ganzen Körper. Ich befand mich hinter dem Steuerstand und berührte aus Versehen ein Motorengehäuse. Es war so heiß, dass ich mir die Finger verbrannte. Statt zu fluchen, unterdrückte ich ein Grinsen. Der Motor war die Heizung, die wir uns so lange wünschten. Ich wärmte mich ein paar Minuten auf und das Gummi meiner ABC-Tasche schmolz aufgrund der Hitze schon an einigen Stellen. Es ging mir deutlich besser und ich gab meinem Kameraden Mike S. unauffällig ein Zeichen, um sich ebenfalls aufzuwärmen. Wir tauschten regelmäßig die Plätze und überstanden die Fahrt von allen wohl am besten. Mit aufgetankter Energie landeten wir in Olpenitz. Die Klappe vom Landungsboot senkte sich vorne ab und sofort hörten wir heftiges Maschinengewehrfeuer in unsere Richtung. Aus unseren G3 -Sturmgewehren erwiderten wir mit rund 60 Mann das Feuer und rannten an Land in Deckung. Wir stürmten vor, suchten Deckung und schossen die ganzen sorgsam abgezählten sechs Schuss Übungsmunition aus unseren Magazinen. Die Munition war angeblich zu teuer und mehr bekamen wir für die Übung nicht mit auf den Weg. Der Sturm in der Normandie am D-Day muss schrecklich gewesen sein. Das begriff jeder von uns, denn alle blickten in das ratternde Mündungsfeuer des Maschinengewehrs und niemand sah sich als Helden. Die restlichen sechs Kilometer Fußmarsch von Olpenitz nach Kappeln liefen wir dann ohne Ausfälle. Wir wollten bloß heim in die Kaserne, heiß duschen, etwas essen und viel schlafen.

So endete unsere Grundausbildung mit Kameraden aus allen Teilen Deutschlands. Wir unterhielten uns in allen Dialekten der 16 Bundesländer, die es jetzt neuerdings gab. Und nach der Grundausbildung verstanden wir die Alltagssprache auch viel besser. Bevor die neuen Dienstposten an uns verteilt wurden, war für uns klar, es gab nur wenige Fregattenplätze und der Rest wurde zu Ostsee-Rockern auf den Schnellbooten.
Mein Wunsch zur Marine zu gehen, bestand darin, die Welt zu bereisen. Dieser Traum war die Karibik, aber nicht unbedingt die kühle Ostsee und die Enge eines Schnellbootes. Von 26 Artilleristen kamen nur drei an Bord von Fregatten. Ich erhielt mein Kommando auf der Fregatte „Köln" und wurde heimatnah wieder nach Wilhelmshaven versetzt.

Die „Köln" war eine 122er Fregatte der „Bremen"-Klasse. 130 m lang, 14,6 m breit und 3.700 t schwer. Die Besatzung bestand aus 200 Marinesoldaten und noch rund 20 Marinefliegern, die bei Bedarf mit zwei Helikoptern eingeschifft wurden. Die Hauptaufgabe der Mehrzweckschiffe war die U-Boot Jagd. Sie konnte aber auch Überwasserfahrzeuge, Flugzeuge und Flugkörper bekämpfen. In der Truppe zählten die 122er Fregatten als Arbeitspferd der Marine und sie hatten bis in die heutige Zeit die meisten Auslandseinsätze.

Dienstzeit als Mannschaftsdienstgrad auf der Fregatte „Köln"
(01.10.- 30.06.1995)

Die Fregatte „Köln" lag an der West-Mole in Wilhelmshaven und ich schleppte meinen vollen Seesack die Stelling hinauf. Vergiss bloß nicht auf der Stelling die Flagge zu grüßen. Der Artilleriewaffenmeister (AWM) Ewald F. empfing mich oben an der Wache. Obwohl ich mich bei der Anfahrt schon beeilt hatte, hatte man mich bereits früher erwartet. Der AWM war ein Haudegen der alten Schule. Knallhart, aber fair.

Meine neuen Kameraden im Hauptabschnitt 300 waren sehr offen und bemüht, mir den Bordeinstieg so angenehm wie möglich zu machen. Ich landete im zwölf Mann Mannschaftsdeck der „11er Decksziegen", 13Z1. Um mich in das Bordleben einzugewöhnen, gab ich den Antrag auf Heimschläfer erst nach ein paar Tagen beim Wachtmeister ab. So konnte ich es flexibel halten, ob ich abends noch nach Hause fuhr oder die Koje an Bord nutzte.

Die neu eingeschifften Kameraden gingen viel Wache und wurden auch intensiv in die Übungen mit einbezogen. Nachts konnte es auch mal einen Feueralarm zur Übung geben und wir waren immer aufmerksam und angespannt.

Als Hauptgefreiter UA (Unteroffizieranwärter) galt man teilweise an Bord als „Neckermann HG". Den Dienstgrad aus dem Katalog bestellt. Gerade Obergefreite, die bereits längere Zeit an Bord fuhren, akzeptierten vielfach nicht, dass man mit einer abgeschlossenen Berufsausbildung mit einem höheren Dienstrang einsteigen konnte. Es war allerdings für mich nicht schwer mich durchzusetzen und mich in das Bordleben zu integrieren. Man musste nur für sich selbst erkennen, was war neu und was brachte man aufgrund seiner Berufsausbildung an Bord mit ein. Die Enge des Schiffs und das Einordnen in die Hackordnung der jungen Besatzung, waren vergleichbar mit einem Gefängnis. Indirekt war allerdings auch jeder auf den anderen angewiesen und es gab in der Zusammenarbeit weniger ein Gegeneinander als mehr ein Miteinander. Die Schiffsführung formte die Kameradschaft und wir lebten und handelten danach. Gab es unter den Mannschaften dennoch mal ein paar Reibereien, so wusste jeder indirekt schon, dass Seemeilen und Erfahrungen mehr zählten als irgendwelche höheren Dienstgrade. Die Anzahl an Seemeilen trug parallel dazu bei, auf der Fregatte anerkannt zu sein. Respekt kam mit der Praxis.

Nach der ersten Woche auf der Fregatte „Köln" erhielt ich eine schriftliche Einladung von einem Admiral zu einem Empfang auf der Fregatte „Emden". Vermutlich rissen sich meine neuen Kameraden nicht um solche Galaempfänge und ich wurde als Neuling abgeteilt und freute mich sogar darauf. Am Abend kam Vize-Admiral Böhmer mit Gästen des Bundestages auf die „Emden". Pünktlich wartete ich bereits mit allen anderen Marinesoldaten im Hangar der Fregatte. Rein zufällig stand ich in lockerer Aufstellung neben einer Reihe von Vollkapitänen, die der Vize-Admiral alle kannte und per Handschlag begrüßte. Beeindruckt von den dicken Schulterklappen streckte ich ihm auch automatisch meine Hand aus, wobei mir der Vize-Admiral ebenfalls die Hand gab. Wir waren beide perplex und mussten beide darüber lachen. Selbst die Vollkapitäne grinsten mich von der Seite an. Die Marine war gefühlt sehr menschlich, trotz aller Hierarchie der Dienstgrade. Die Herren Bundestagsabgeordneten waren hingegen recht langweilige Unterhalter. Nach der Wahl brauchten sie sich scheinbar nicht mehr um ihre Wähler zu bemühen. Die begleitenden Sicherheitsbeamten vom Landeskriminalamt hatten an diesem Abend weitaus spannendere Geschichten zu erzählen.

Am 19. Oktober 1994 wurde die Fregatte „Köln" zehn Jahre alt. Bei der Party in der Wilhelmshavener Stadthalle bekam ich den ersten Eindruck, wie gut die Jungs feiern konnten.
Generell wurde, wenn es um Partys ging, eigentlich nie eine Gelegenheit ausgelassen. Selbst eine Feier zur Ehrung der heiligen Barbara nahmen die Artilleristen zum Anlass ein paar Bier zu trinken. Die heilige Barbara ist die Schutzpatronin der Artilleristen und der Feuerwehr, Bergleute, Glöck-

ner, Architekten und des THW. Wie man sieht, ist sie wohl eine vielbe-schäftige Frau. Ob sie es war, die mir später auf See und den Reisen das ein oder andere Mal den Hintern gerettet hat oder meine seefahrenden Vorfahren, das lass ich mal dahingestellt. Ich bin nicht religiös und hatte wohl sehr oft auch einfach nur riesig viel Glück.

Auf der Fregatte „Köln" herrschte generell ein wenig Euphorie. Der Einsatz „Operation Southern Cross" im ersten Quartal des Jahres 1994 in Somalia zur Verlegung von Heeressoldaten war überall noch in aller Munde. Aber auch der nächste Einsatz war vom Karlsruher Bundesverfassungsgericht bereits abgezeichnet worden.

Ab Juli 1994 durfte sich die Bundesrepublik Deutschland mit Streitkräften an Einsätzen im Rahmen der NATO und der Westeuropäischen Union zur Umsetzung von Beschlüssen des Sicherheitsrates der Vereinten Nationen beteiligen. Das Ziel der Mission „Operation Sharp Guard" war das Durch-setzen der Wirtschaftssanktionen und des Waffenembargos gegen Ex-Jugoslawien. Es betraf hauptsächlich die Operationsgebiete Otranto und Montenegro, einschließlich der Hoheitsgewässer Albaniens und Mon-tenegros in der Adria zur See und in der Luft.

Während die Besatzung der Fregatte „Köln" sich in Rollenübungen auf den Adriaeinsatz vorbereitete, wurden noch 14 Soldaten zu den Kampf-schwimmern (KS) nach Eckernförde versetzt. Ich war einer von ihnen. Sechs Marineinfanteristen, sogenannte 76er, kamen parallel für die Aus-bildung aus Glücksstadt hinzu. Sie sollten ebenfalls das Team verstärken. Innerhalb einer Woche bekamen wir von den KS als erste Einheit eine Boarding-Ausbildung zum Durchsuchen von Schiffen nach Waffen, Muni-tion und illegalen Gütern. Wir lernten mit Kleidung zu schwimmen und aus acht Metern Höhe ins Wasser zu springen. Im Tauchbecken der Kampf-schwimmer stiegen wir zunächst auf das eigentliche fünf Meter Brett. Dann provisorisch auf einen Tisch und von dort auf einen Stuhl, erst da-nach erreichten wir den Hallenkran in acht Metern Höhe. Die „Sicherheit" wurde nicht sehr großgeschrieben. Wir waren bei den KS und lernten, dass ein einziger Fehler auch schnell dein letzter sein kann. Der Kran fuhr in die Mitte des Beckens und nacheinander sprangen wir in das wellenlose klare Wasser. Da wir nur den gekachelten Boden sahen, aber keine Wasseroberfläche, wirkte es doppelt so hoch.

Am nächsten Tag erlernten wir das „Fast Roping", das schnelle Abseilen vom Hubschrauber auf ein fahrendes Schiff. Ein Tau wurde dazu vom Helikopter herabgelassen und mit dicken Lederhandschuhen war ein schnelles Abbremsen ohne Sicherung möglich. Zu Beginn übten wir es aus zwei Metern Höhe. Dann aus dem dritten Stockwerk des Kampfschwimmergebäudes. Zum krönenden Abschluss stiegen wir in einen „Sea Lynx" -Bordhubschrauber, der uns auf 12 Metern Höhe die Seitentür öffnete und uns abseilen ließ. Jeweils zu sechst verließen wir nacheinander den Hubschrauber. Der Operator am Seil klopfte uns auf die Schulter, sobald die Landezone frei war und dann rutschten wir hinab. Das Seil wurde eng am Körper geführt, die Beine waren gestreckt links vom Tau. Zwischen den Handschuhen wurde das Tau leicht gekippt, was den Abstieg abbremste. Die Kampfschwimmer bewerteten am Boden jeden einzelnen Abstieg von uns. Das Seil war nass und wir alle rutschten viel zu schnell. Wir hatten alle Glück, dass wir verletzungsfrei unten ankamen. Die Marine führt das „Fast Roping" vom Helikopter inzwischen nur noch mit einer Sicherung aus. Bei den KS weiß man es allerdings wohl nicht so genau.

Am Folgetag fuhren wir zum Schießtraining mit der Heckler & Koch P8 und MP5. Beides waren brandneu eingeführte Waffen in der Marine. Wir bekamen 5000 Schuss zur Verfügung, die wir jedoch am Ende des Tages nicht mal annähernd verschossen hatten. Noch in der Grundausbildung wurde über jeden einzelnen Schuss und Soldaten bei der Ausgabe der Munition Buch geführt. Der „Einmarsch in Olpenitz" vom Landungsboot, mit den ironischen sechs Schuss Übungsmunition, war gerade erst ein paar Wochen her. In Eckernförde hieß es nur noch, 15 Patronen aus der Kiste zu greifen, sie schnell in das Magazin zu drücken und vorne anzutreten, die Waffe fertigzuladen und nach Anweisung des Kampfschwimmers auf Ziele zu verschießen. Eine Sicherung hatte die P8 schon gar nicht mehr. Fertiggeladen bedeutete feuerbereit. Der gestreckte Finger neben dem Abzug ersetzte die Sicherung. Beim Schießen wurde auf die Trigger Control geachtet. Bei der Schussabgabe gewöhnten wir uns schnell daran, die Waffe nicht zu verziehen und die Augen offen zu halten. Die Treffer im Ziel verbesserten sich zügig. Am letzten Tag lernten wir taktisch Gänge und Stockwerke zu kontrollieren, Räume zu stürmen und uns dabei immer gegenseitig zu sichern. In der Adria wurden die Artilleristen dann bei den Boarding-Einsätzen am 20 Millimeter Bordgeschütz eingesetzt. Der Rückweg der Teams musste auch abgesichert werden.

Der Einsatz der STANAVFORMED (Ständiger Einsatzverband Mittelmeer) rückte immer näher und auch der Druck auf uns Soldaten wuchs. Ein Soldat auf der Fregatte „Niedersachsen" erschoss sich nach dem Wachdienst frühmorgens mit seiner P1. Auch diese Fregatte war parallel für den Einsatz abgeteilt worden.

Wir übten jeden Tag den Gefechtsdienst und die verschiedenen Rollen wie „Feuer im Schiff", „Mann über Bord" oder den „Ruderversager". In der Adria durfte nichts schief gehen. Hierbei waren die Übungen mit einer frischen Besatzung am Anfang noch das reinste Chaos.

Für die Rolle „Feuer im Schiff" war unser Hauptabschnitt 300 für die Erstbekämpfung zuständig. Nach Auslösung der Alarmklingel (3 x kurz) hatten wir maximal zwei Minuten Zeit, uns ein Atemschutzgerät aus einem Schrank zu greifen. Die roten Schränke waren überall im Schiff verteilt. Wir zogen das ASG über und stellten die Verbindung mit der Atemschutzmaske her. Mit zwei aufgedrehten Sauerstoffflaschen, aufgesetztem Stahlhelm, der Antiflash-Haube und den Handschuhen ging es im Dauerlauf an den Brandherd. Alle Räume im Schiff wurden durch den Leitstand permanent mit Sensoren kontrolliert. Jedes Deck und jeder Raum hatten ihre genaue Bezeichnung, die wir in den Übungen innerhalb kürzester Zeit erreichen mussten. Im Schiff gab es viele Notausstiege und Verbindungen, die wir unter Atemschutz auf- oder abstiegen. Der Brandangriffstrupp bestand aus drei Soldaten. Zwei sogenannte WT-Maate gingen mit Pulverlöscher in den „brennenden" Raum. Der dritte Mann, der FT Maat verblieb an der Rauchgrenze und war in Leder noch besser feuergeschützt. Er versorgte uns mit weiteren Pulverlöschern und wies den nachrückenden Brandabwehrtrupp ein, der die Seewasser-Feuerlöschschläuche legte, unsere Erstmaßnahmen übernahm und uns dann ablöste.

Nach den Trockenübungen im Hafen folgten ein paar kurze Seefahrtstage in der Nordsee, um die ersten Seemeilen zu sammeln. Ein neuer bayrischer Kamerad, der sich zuvor noch als „Held der Meere" aufspielte, „reiherte" unentwegt aus der Steuerbord-Nock, um die Fische zu füttern.

Nach Ende der Revierfahrt im Jadefahrwasser folgte für uns Artilleristen auch schon der erste „Goldhammer". Es war für uns das Codewort zum schnellen Gefechtsschießen. Die Durchsage erfolgte über die Schiffslautsprecheranlage und wir rannten zur Hauptwaffe, dem 76 Millimeter „OTO Melara" -Geschütz, um ein paar Schuss in die Nordsee zu jagen. Nicht nur die heilige Barbara, auch die Kommandanten waren da irgendwie immer geil drauf.

Ständiger Einsatzverband Mittelmeer STANAVFORMED
(25.11. - 11.03.1995)

Einen Tag bevor meine erste große Seereise für 110 Tage in die Adria beginnen sollte, brachte ich am Abend noch ein paar persönliche Sachen an Bord. Durch Zufall begegnete ich meinem Artilleriewaffenmeister und seiner siebzehnjährigen Tochter. Ich unterhielt mich kurz mit ihnen und ging dann in mein Deck, um morgens fit zum Auslaufen zu sein. „Reise, reise: Aufstehen!". Der erste Tag unterwegs, es war eine Mischung aus etwas Heimweh und Fernweh.

Immer öfter wurden wir Artilleristen am Abend zum Feiern, vom AWM in die Portepeeunteroffiziersmesse eingeladen. Unser Teilabschnitt 320 war fast ein Familienersatz. Nein, er war in gewisser Art Familie. Der AWM erzählte mir dann irgendwann im Vertrauen, dass seine Tochter ihm ständig Briefe in die Häfen schreibt. Sie wollte mich unbedingt kennenlernen.

Da seine Tochter, auch schon aufgrund des jungen Alters nicht mein „Typ" war, schob ich das Thema immer wieder schnell beiseite.

Ewald (Eddy) F. ließ aber nicht locker und irgendwann, nach Wochen der intensiven Bearbeitung, versprach ich ihm im betrunkenen Kopf, mit ihr auszugehen. Eigentlich wollte ich damit nur endlich meine Ruhe haben, jedoch bewirkte es genau das Gegenteil. Gerüchte verbreiten sich auf einem Schiff genauso schnell wie Stürme in der Biskaya. Ich wurde von allen an Bord, ohne dass ich es wollte, jetzt schon als Eddy F.'s zukünftiger Schwiegersohn gehandelt. Dies musste ich mir nun jeden Tag, von vielen Kameraden, bis zur Hälfte der Fahrt anhören. In Neapel sah mich der AWM im Hafen mit einem Mädchen an der Hand. Sein erster Kommentar am nächsten Morgen war: „Komm Du mir in die Nähe meiner Tochter und ich brenn´ dir ein paar Kugeln in den Pelz." Von einem Gunny nicht ganz unwahrscheinlich. Von da an vergaßen wir das Thema. Nochmal Glück gehabt. Die Feiern in der PUO-Messe arteten trotzdem regelmäßig aus.

Auf dem Weg in das Einsatzgebiet fuhren wir ein RAS, um Treibstoff auf-zufüllen.

Beim „Replenishment at sea", der Versorgung in See, fuhr ein spanischer Versorger neben uns her. Bei der Größe der Schiffe ist es immer ein ge-fährliches Seemanöver.

Der Decksmeister Hauptbootsmann Ulf Jochen K., überall bekannt durch seinen Zwirbelbart, machte die Sicherheitseinweisung. Sein markanter Spruch: "Keine Uhren, keine Ketten, keine Ringe!" begleitete uns die nächsten vier Jahre.

Die Artilleristen stellen beim RAS einen oder maximal zwei Soldaten ab, der eine erste Verbindungsleine zum Versorger schießt. Mein Artilleriewaf-fenmeister zeigte mir am Vormittag den Umgang mit dem BOLA-Gewehr. Es war ein umgebautes G3 Sturmgewehr mit einer darunterliegenden Trommel und einer darin aufgewickelten dünnen Leine. Die Leine wurde an einem Projektil mit einem Kunststoffkopf geknotet. Nachts wurde manchmal in den Kopf noch die Leucht-Flüssigkeit aus einem grünen Knicklicht gefüllt, um den BOLA beim Flug besser sehen zu können. Beim Schießen wurde das Gewehr von allen Artilleristen aus der Hüfte ge-schossen. Der Vorhalt wurde nach Gefühl, je nach Windgeschwindigkeit und Höhe des Freibords, vom Schützen immer wieder neu eingeschätzt. Nach dem Schuss wickelte sich die Leine sehr schnell ab und der Artille-rist konnte die Höhe und Richtung des BOLA durch leichten Zug der Leine steuern. Jeder Schütze lernte von Versorger zu Versorger an neuer Erfah-rung. Meine ersten Probeschüsse waren sehr unkoordiniert und ungenau. Nach der morgendlichen Einweisung in den Ablauf des Versorgungsleinenschießens, scherzte der AWM beiläufig noch: „Wenn Du einen Spanier triffst, spendiere ich dem Abschnitt eine Kiste Bier".

Am Nachmittag begann der Anlauf. Das RAS-Personal stand auf dem Versorgungsdeck. Neben dem RAS-Personal gab es noch einen Brandabwehrtrupp und Sanitäter. Der Decksmeister stand mit dem Sicherheitsoffizier oben bei den Täuschkörperwerfern. Als wir mit 18 Knoten Fahrt auf gleicher Höhe des Versorgers waren, trat ich nach vorne an die offene Deckskante. Für einen Artilleristen gab es nichts peinlicheres, als den Schuss zu „versemmeln". War tatsächlich mal was schiefgelaufen, schoss als nächstes der BOLA-Schütze des Versorgers die Leine. Und auch für dessen Versagen gab es einen zweiten BOLA-Schützen von uns als Backup. Der psychische Druck an der Schiffskante war hoch. Mein AWM beobachtete mich vom Schornstein-B-Deck sitzend auf einer hölzernen PUO-Bank, was meine Nervosität nicht gerade minderte. Ausgerechnet dieser spanische Versorger, hatte als mein erstes Ziel einen ungünstigen Decksaufbau. Es gab nichts, wo man den BOLA hätte hindurchschießen können. Der Decksmeister wollte die Leine auf einen geschlossenen Längsgang geschossen haben. Hier gab es nur zwei Möglichkeiten zu versagen. Entweder prallte das Geschoss direkt von den Aufbauten ab oder es war zu kurz abgestoppt und fiel zurück in die See. Die spanische Versorgungsmannschaft ging nach einem Pfiff hinter ein paar Aufbauten in Deckung. Unser Decksmeister pfiff jetzt einen langen Ton aus seiner Trillerpfeife. Ich entsicherte mein Gewehr und für mich war es die Schussfreigabe als BOLA-Schütze. Es knallte und ich griff schnell mit der linken Hand die Leine. Sie rauschte durch meinen Anti-Flash Handschuh auf den Versorger zu. Jetzt bloß nicht zu schnell abbremsen oder gar zurückziehen, sondern das rote Tau schön geschmeidig im Bogen laufen lassen und sanft abbremsen.

Der BOLA-Kopf schlug in 40 Meter Entfernung punktgenau auf das vorgegebene Deck und rollte durch den Drall hinter den Mannschutz der Spanier. Ein Spanier sprang aus seiner Deckung auf und brachte sich gerade noch in Sicherheit. Mein AWM lachte auf seiner Bank kurz auf und schlug sich mit der Hand kopfschüttelnd auf den Schenkel, der Decksmeister zeigte mir den Daumen nach oben. Die Kiste Bier vom AWM gab es dann tatsächlich in der PUO-Messe, auch wenn ich natürlich nie vorgehabt hatte, den spanischen Seefahrer zu treffen. Anfängerglück gehörte zu meinem ersten RAS-Manöver halt auch dazu. Nach dem erfolgreichen RAS-Manöver ertönte über unseren Deckslautsprecher das Lied der „Blues Brothers":

„Rollin',rollin',rollin'
Rollin',rollin',rollin'
Rawhide
Keep rollin', rollin', rollin'
Though the streams are swollen
Keep them dawgies rollin', Rawhide
Through rain and wind and weather
Hell-bent for leather
A-wishing my girl was by my side
All the things I'm missin'
Good vittles, love and kissin'
Are waiting at the end of my ride"

In den ersten Wochen an Bord lernten wir Neuen uns in das Bordleben zu integrieren. Einerseits musste man sich behaupten und auch mal die Ellenbogen zeigen, dann aber auch wieder unterordnen und lernen. Das Bordleben war streng geregelt. Jeder Hauptabschnitt hatte in der Messe seine eigene Back. Dort konnten wir uns frei hinsetzen, wenn ein Platz frei war. Kam ein altgefahrener Kamerad an die volle Back, so konnte er auf seinen Sitzplatz bestehen und den Neuen mit der Aufforderung „von der Back", vertreiben. Dieser musste dann sein Pickblech nehmen und bei einem anderen Hauptschnitt nach einem Sitzplatz fragen. Das funktionierte nur mit der Anfrage „Frage, an die Back?" Wenn man im Hauptabschnitt einen guten Stand hatte, war auch ein Sitzplatz bei anderen Abschnitten nie ein Problem. In der gesamten späteren Zeit auf der „Köln", hatte ich nie Probleme in Ruhe zu essen. Später, als altgefahrener Soldat, ließ ich die „Neuen" meist auch in Ruhe an meiner vollen Back essen und machte kein Drama um einen Sitzplatz. Auch das brachte einem Ansehen und

Respekt in der Messe ein. Allgemein bestand der Anstand im Schiff zu fragen, ob man einen abschnittsfremden Bereich betreten durfte: „Frage in die PUO-Messe". Beim Betreten oder Verlassen eines Bereiches, meldet man sich an oder ab: „HG Frerichs auf die Brücke." – „Maat Frerichs in den Leitstand." – „Obermaat Frerichs aus der OPZ." Dies war bei allen so im Blut und wurde nie hinterfragt oder vergessen.

Nach einem 20 Millimeter Funktionsschießen bei „kabbeliger" See lud ich die leergeschossenen 20 Millimeter Hülsen in die Packgefäße zurück. Der Tag im Mittelmeer war kühl und grau. Die Munitionsbehälter waren sehr schwer und ließen sich durch einen Bügel nur mühsam verschließen. Aufgrund des einsetzenden Regens und starken Windböen waren die anderen Artilleristen bereits unter Deck gegangen. Zwei der Munitionsbehälter waren schon im Munitionsschrank gesichert. Bei dem dritten Behälter verklemmte sich ein Bügel und ich hatte Schwierigkeiten, diese Kiste zu verschließen. Vermutlich hatte ich zudem auch viel zu viele Hülsen in den Behälter geladen. Die dritte Kiste lud ich eilig in den oberen Teil des Munition Rack, als die Durchsage über den Schiffslautsprecher kam: „WAHRSCHAU!!! Schiff kommt quer zur See!" Der maritime Warnruf ist vergleichbar mit einem „Achtung!" Im gleichen Moment legte sich die Fregatte „Köln" schon um 10 Grad auf die Steuerbord-Seite. Das Deck war durch den Regen nass und glatt. Ich rutschte in Sekunden vom noch offenen Munitionsschrank über das Signaldeck bis unter die Reling. Mein linker Fuß blieb noch gerade so an einem Rohr außerhalb der Reling hängen. Erleichtert, nicht über Bord gegangen zu sein, knallte plötzlich die obere Verriegelung des Munitionsschrankes auf. Der dritte Munitionsbehälter schlug auf das Deck und der Verriegelungsbügel sprang sofort wieder auf. Sämtliche Munitionsreste wie Leerhülsen und Gurte aus Stahl rutschten wie Geschosse auf mich zu. Da ich immer noch unter der Reling festklemmte, sammelte ich alles auf mich Zukommende wie ein Torwart unter meinem Bauch zusammen, nicht ein einziges Munitionsteil ging über Bord. Unser begleitender Kampfschwimmer Hauptbootsmann Z., der oben in der Steuerbord-Nock stand, hatte alles mitbekommen. Wir sahen uns eine Sekunde tief in die Augen. Er nickte mir zu, drehte sich dann kopfschüttelnd um und ging in die Brücke. Wir haben nie darüber geredet, aber ich bin mir sicher, er wäre mir hinterhergesprungen, hätte es das Rohr außerhalb der Reling nicht gegeben. Faustregel an Bord: „Eine Hand für dich – eine Hand fürs Schiff."

Im Tagesdienst galt es, die 20 Millimeter Geschütze zu pflegen. An jedem neuen Tag kamen neue Roststellen durch das Salzwasser hinzu. Von den 11ern, unseren Decksziegen, bekamen wir immer neue Farbe zum Pönen. Es gab nur zwei Farbtöne, die relevant waren. Das hellere Fehgrau und das dunklere Basaltgrau für den Boden. Unser AWM und der WTO Uwe D. beäugten die Waffen sehr genau. Jede kleinste Roststelle mussten wir fast hellseherisch vorab erahnen. Die mechanischen Funktionen der Waffen mussten ebenfalls im Einsatzgebiet gewährleistet sein. An einem Tag stellten wir am Backbord Geschütz eine gebrochene Feder fest. Für das gesamte 20 Millimeter Geschütz gab es im Lager Ersatzteile in zuvor bestellten eingeschweißten Plastiktüten. Die kleine Metall-Feder, die den Munitionsbehälter automatisch öffnete, um den Munitionsgurt aus dem Kasten in die Führung zu leiten, war natürlich nicht mit dabei. Ein „Sea-Lynx"-Helikopter flog kurzerhand nach Italien und holte sie uns von der Landversorgungsstelle ab. Eine Hubschrauber-Flugstunde lag bei 10.000 Deutsche Mark. Es war vermutlich das teuerste Ersatzteil, was jemals eingebaut wurde. Im Einsatzgebiet hatte die Einsatzfähigkeit aber nun mal höchste Priorität und wenn Murphys Gesetz es so wollte, dann wurde genau das gebraucht was es nicht an Bord gab. Für alles fanden wir Lösungen.

Um die Disziplin im Schiff hochzuhalten, wurde neben den Einsatzrollen auch die Sauberkeit penibel durchgesetzt: „Besatzung auf Reinschiffstation. Anfangen mit Reinschiff". Beim täglichen Reinschiff und dem wöchentlichen Großreinschiff, mit anschließender Ronde des ersten Offiziers, hätte man überall vom Fußboden essen können: „Sich klarmachen zur Ronde". Der IO Matthias M. war fair, wenn die Sauberkeit stimmte.

Es gab an Bord verschiedene Hafen- und Seeroutinen. Auf dem Weg in das Einsatzgebiet fuhren wir Artilleristen im Übungsmarsch und hatten dabei einen geregelten Tagesdienst mit einer entsprechenden Nachtruhe. Im Einsatzgebiet hatte ich meine Kriegsmarschstation an der 20 Millimeter Waffe zur technischen Wartung und im Ernstfall auch als Beladeschütze. Kriegsmarsch bedeutete sechs Stunden Wachdienst, Essen, Duschen, und mit Glück vier Stunden Schlaf. Die andere Zeit übernahm ein weiterer Trupp die Einsatzbereitschaft. Die erste Zeit fuhren wir Kriegsmarsch im Planquadrat „Iceman", irgendwo vor Dubrovnik. In der Nacht war ich mit auf der Brücke eingeteilt und konnte alle operativen Aktionen mitverfolgen. Nun war es leider nicht jede Nacht so spannend und einige Nächte sogar recht langweilig. Bedingt durch die Müdigkeit und den frostigen Außentemperaturen im November war es auch in der Brücke sehr kalt. Die Brücke wurde nachts nur mit roter Beleuchtung befahren, was die Sicht nach außen verbesserte und uns auch tarnte. Jedoch konnte man dadurch in einigen Teilen der Brücke auch kaum etwas sehen. Ein Navigationsgast breitete sich leise auf seiner Schwimmweste unter dem Kartentisch aus. Als ich zufällig am Schott der Steuerbord-Nock stand, zog er an meinem Hosenbein und winkte mich heran. Unauffällig holte ich auch meine Schwimmweste und setzte mich unbemerkt neben ihn unter den Kartentisch. Wir konnten sitzen und uns etwas ausruhen. Plötzlich kam der Kommandant auf die Brücke: „Kommandant auf Brücke!" Die gesamte Brückenbesatzung ging in Achtungsstellung. Der Fahr WO machte seine Meldung. Die gesamte Brückenbesatzung war stillgestanden? Nein, nicht ganz. Zwei von ihnen saßen im Dunklen unter dem Kartentisch fest. Ich schaute den Navi-Gast panisch an und flüsterte: „Was nun?" Wir blieben beide sitzen und zogen die Füße geräuschlos noch enger unter den schmalen Tisch. Kommandant Hans-Joachim Rutz war ein richtiger See-bär und wir hätten wahrlich nichts zu lachen gehabt, wenn er uns hier unten entdeckt hätte. Der Kommandant lief eine Runde durch die Brücke und blieb natürlich genau vor dem Kartentisch stehen. Bange Minuten vergingen, bis Kapitän Rutz dann doch endlich die Brücke verließ und wir unerkannt blieben.

Während des Embargos überwachten und kontrollierten wir jeden Tag die anderen Schiffe im Seegebiet. Größtenteils waren bei der mündlichen Funküberprüfung die meisten Kapitäne kooperativ. Eines Nachts überprüf-ten wir einen Frachter von 180 Meter Länge. Dieses Schiff wollte weder den Kurs ändern noch weitere Fragen beantworten. Unser Kommandant setzte die Fregatte „Köln" in die Fahrtrichtung des unkooperativen Frach-ters. Aus meinem Blickfeld der Brücke tauchte auf Backbord auf einmal ein riesiges hellbeleuchtetes Frachtschiff auf, dass uns umgehend zu rammen drohte. Wir alle wussten, dass es unmöglich war, dieses große Schiff auf dieser geringen Entfernung zu stoppen. Der Kommandant wirkte völlig gelassen und befahl: „Volle Kraft voraus"! Der Frachter passierte uns wenige Meter hinter unserem Heck. Ein Fehler in der Schiffstechnik hätte unser Schiff in zwei Teile gerissen.

Unser Puls war hoch, auch wenn niemand darüber sprach. Was mit dem Frachter im Anschluss geschah und welche Konsequenzen es für ihn gab, weiß ich heute leider nicht mehr.

Da die Fregatten „Köln" und „Niedersachsen" die ersten Marineschiffe unter UN-Mandat waren, hatten wir ein Filmteam vom ZDF mit an Bord. Dieses Team filmte unser Bordleben und sehr viele unserer Übungsrollen. Eine dieser Übungsrollen war das „Mann über Bord" Manöver. Wir hatten es schon mehrfach geübt und immer wieder wurde gesagt, dass unser Einsatz am Steuerbord Rettungsnetz zu lange dauerte. Bei diesem Manöver wurde ein Kletterrettungsnetz an der Bordwand heruntergelassen, welches an vier Leinen zugleich wieder mit den geretteten Personen heraufgezogen wurde. Ich befand mich gerade im Torpedoraum als wieder einmal die Schiffsglocke (Ring – Ring – (2 x Lang) das „Mann über Bord" Szenario auslöste. Auf der Steuerbordseite zog ich mit den anderen Kameraden auf Kommando an der Leine. Als ich auf einmal unseren WTO Uwe D. (Waffentechnik Offizier und u.a. mein Vorgesetzter) und das Filmteam im Wasser schwimmen sah, begriff ich endlich, dass es diesmal überhaupt keine Übung war. Die Meldung „Safeguard, dies ist keine Übung", hatte ich im Torpedoraum nicht mitbekommen. Das Filmteam sollte mit unserem Speedboot Außenaufnahmen von der Fregatte „Köln" machen. Beim Herabfieren des Bootes stockten die inneren Seile der Fieranlage und das Boot neigte sich schlagartig nach außen. Das ZDF-Kamerateam und unser WTO wurden durch die Schlagseite über Bord geworfen. Zum Glück fuhr das Schiff zum Zeitpunkt des Ablegens nicht.

Alle waren erleichtert, dass die „Mann über Bord" Rolle auch im Ernstfall funktionierte. Das ZDF musste für eine 50.000 Deutsche Mark teure Filmkamera eine Verlustmeldung schreiben, aber der Redakteur hatte etwas in seinem Film zu erzählen.

Eine Reportage von Claus Bienfait „Torpedos und Gummibärchen"

Im Video filmte er uns Artilleristen beim Reinigen der Handwaffen, beim Beladen der Torpedos, an der 20 Millimeter Waffe als Richtschützen*, sowie beim Aufstehen zum Wachwechsel in blauer Boxershorts.

Anfang Dezember liefen wir erstmalig in Korfu / Griechenland ein. Wie in fast jedem Auslandshafen standen wir in erster Geige, der Ausgehuniform, beim Einlaufen in Passieraufstellung. Die deutsche Marine sollte perfekt repräsentiert werden. Wir steuerten die holländische Fregatte „De Ruyter" an, um im Päckchen nebeneinander anzulegen. Sie hatte zuvor im Hafen Kerkira festgemacht. Unsere Colani wirkten edel gestylt, die Holländer lümmelten sich in alten Jeans an Oberdeck mit Joints und Bier. Ein krasser Gegensatz in der Präsentation des ersten Gesamteindrucks. Die niederländischen Nachbarn ließen alles ein wenig entspannter angehen.
Im „Hard Rock Cafe Corfu" feierten wir bis in die Nacht und nur ein paar Stunden später mieteten wir uns Motorroller für eine Inseltour.

Es grenzte an ein Wunder, dass keiner von uns in den engen Serpentinen, über die Klippe schoss: „Fahr nur so schnell, wie Dein Schutzengel fliegen kann." Bis auf einen Mofa-Führerschein besaß ich wenig Fahrpraxis auf zwei Rädern und ich vermute, bei den anderen war es ähnlich. Scheinbar hatten auch die Griechen alle gerade ihren Führerschein gemacht. Man fuhr dort, wo der Weg frei war.
Noch vor dem Einlaufen in den Hafen hatte es eine Auszahlung der Bordzulage durch den Wachtmeister gegeben. Die Sonderzahlung reichte für uns Soldaten in den Häfen größtenteils aus, so dass wir den eigentlichen

Sold gar nicht anbrechen mussten. Natürlich kam es auch vor, dass Kameraden ihre gesamte Heuer im horizontalen Gewerbe verprassten. Wir erhielten in der Adria noch eine NATO-Zulage und hatten überhaupt keine Geldsorgen.

Zum Jahresende liefen wir erneut Korfu an. Diesmal waren wir die ersten im Päckchen und die amerikanische Fregatte „Robert G. Bradley" sollte auf unserer Steuerbordseite anlegen. Gemeinsam mit meinem Kameraden dem Obergefreiten Lars B., stand ich auf dem Signaldeck. Wir beobachteten, wie die amerikanische Oliver Hazard Perry Klasse mit ihrem hohen Atlantik-Bug auf uns zulief. Ich sagte noch zu Lars: „Die sind aber doch viel zu schnell." Die Fregatte wollte in einem Bogen, ohne Schlepperhilfe, direkt neben uns anlegen. Lars antwortete: „Das passt, das sind Amis. Die machen das immer so." Er revidierte aber unverzüglich seine Aussage und wir sprangen zeitgleich von der Reling zurück. Es folgte ein fürchterliches langes Knirschen und Knarren von Metall auf Metall. Die Brücke der USS „Robert G. Bradley" war aufgrund der plötzlichen Kränkung nach Backbord geneigt und nur noch einen Meter von unserem Signaldeck entfernt. Wir konnten dem Kommandanten direkt in sein verlegenes Gesicht sehen und ihm fast die Hand reichen. Er hatte an unserer Fregatte diverse Rettungsinseln verformt und der Schiffstechnik im Hafen neue Arbeit besorgt. Unser Decksmeister, der zuvor ebenfalls längere Zeit in der amerikanischen Navy gedient hatte, schrie von der Back: „Hey, ich dachte wir kämpfen für die gleiche Sache." Dem Kommandanten der „Bradley" war es sichtlich unangenehm. Wir feierten mit ihm und seiner Besatzung ein schönes Silvesterfest.

Das erste Mal Weihnachten und Silvester ohne Familie zu feiern war zu Anfang ungewohnt, aber wir machten das Beste daraus. Briefe aus der Heimat, sowie Grüße von Radio Andernach, dem Soldatensender, waren die beste Motivation, aufkommendes Heimweh auch schnell wieder zu vergessen. Radio Andernach wurde über die Schiffslautsprecheranlage beim täglichen Reinschiff abgespielt. E-Mails oder Chats gab es zu unserer Zeit damals noch nicht. Die Radiosendungen waren eine großartige

Sache um neben der Post Grüße aus der Heimat zu erhalten. Sie erinnerten mich an die Radiosendungen an den Heiligabenden meiner Kindheit, als wir regelmäßig die NDR Sendung „Gruß an Bord" von Radio Norddeich gehört hatten. Nun war ich selbst weit fern der Heimat.

„Besatzung, ...Auuff Gefechtstation!!!" Wir waren wieder auf See und mitten in der Nacht wurde die gesamte Besatzung auf ihre Kriegsmarsch-Station befohlen.

Unbekannte Speed-Boote passierten uns in geringer Entfernung. Ehe ich noch Zeit zum Überlegen hatte, befand ich mich mit dem Unteroffizier Obermaat K. hinter dem Backbord 20 Millimeter Geschütz. Obwohl ich kein eingeteilter Richtschütze war, waren wir die ersten beiden an der Waffe und stellten die Feuerbereitschaft her. Das Geschütz war mit Sprengbrandladung auf munitioniert und nur Thorsten K. hatte noch die Hand am Sicherungshebel. Mein erster Gedanke war: „Was mach ich hier jetzt gerade, hoffentlich muss ich nicht schießen." Keine fünf Minuten zuvor hatte ich mich noch im Tiefschlaf befunden. Träumte ich dies etwa gerade? Wir blickten in die Dunkelheit. Ein Suchscheinwerfer aus der Nock, streifte über die Wellen. Die Boote waren in der sternenlosen Nacht nicht mehr zu hören oder zu sehen. Am nächsten Morgen erfuhren wir, dass es albanische Drogenschmuggler in kleinen Schnellbooten auf dem Weg nach Italien waren. Die Besatzungen wurden regelmäßig von der italienischen Küstenwache abgefangen und verhaftet.

In der Straße von Otranto war das Schiffsaufkommen durch die Meerenge sehr hoch.

Sehr viele neue Schiffe kamen in die Adria und wurden teilweise erstmalig kontrolliert. Ein Boarding wurde entweder per Speed-Boot oder mit dem Bordhubschrauber durchgeführt. Die Boardingteams waren fast pausenlos unterwegs. Kaum waren sie wieder an Bord, ging es schon wieder los zum nächsten Einsatz. Auf der Brücke war der Signalmeister per Funk damit beschäftigt, die Schiffe abzufragen, das sogenannte Approaching. Er redete mit dem Kapitän des fremden Schiffes und erfragte genaue Informationen bezüglich der Reederei, Nationalität, der Ladung und wie viele Personen sich an Bord befanden. Die zu kontrollierenden Schiffe wurden in Abstimmung mit der Operationszentrale abgesprochen, um das Boarding-Verfahren einzuleiten. Wir verfolgten auf der Brücke gespannt den Funkverkehr, als sich unser „Sea Lynx"-Helikopter vor die Brücke eines Schiffes setzte.

Das Schiff stoppte erst sehr spät auf und ein ängstlich klingender Kapitän fragte uns über Funk, warum wir denn schon wieder sein Schiff kontrollieren wollten. Das auf das Boarding vorbereitete Schiff fragte uns, wo denn der versprochene Hubschrauber sei, von dem wir die ganze Zeit redeten. Die Schiffe waren in der Hektik einfach verwechselt und falsch zugewiesen worden.

Im Nordosten, entlang der kroatisch-montenegrinischen Küste befanden sich Stellungen mit dem russischen Anti-Schiff-Flugkörper „Styx". Die NATO hatte eine Vereinbarung mit den Kriegsparteien, dass sich die Schiffe nur bis auf sechs Meilen der Küste nähern durften. Die jugoslawische Marine führte gerade in Kriegszeiten unvorhersehbare Manöver durch und niemand von uns wusste, wie die Gefahrenlage derzeit wirklich war. Da in dieser Zeit der Landkrieg in vollem Ausmaß entbrannt war, waren wir auch auf See sehr vorsichtig. Ein Frachter wurde zum Blockadebrecher und entfloh uns mit hoher Geschwindigkeit. Das Schiff stoppte nicht ab und wechselte auch nicht den Kurs. Wir verfolgten den Frachter bis auf drei Seemeilen zur kroatischen Küste und waren alle auf Kriegsmarschstation. Der Frachter verschwand hinter mehreren kleineren Inseln. Wir alle waren froh, als wir die Küstennähe dann doch wieder verlassen konnten. Die Radarsignatur eines „Styx" –Flugkörpers, hätte im Falle eines Angriffs, laut der Operationszentrale der Größe eines Omnibusses entsprochen. Angeblich ein leicht zu treffendes Ziel. Aber wir waren auch verdammt nahe dran und ein Einschlag nur Sekunden davon entfernt. Die beiden RAM-Starter (RIM-116) zur verbesserten Flugkörperabwehr besaßen wir zu diesem Zeitpunkt noch gar nicht. Die Luftabwehr konzentrierte sich ausschließlich auf die Waffensysteme des 76 Millimeter Geschütz, dem Flugkörper „Sea Sparrow RIM-7" und unseren Täuschkörpern „SRBOC".

Nach der Action auf See freuten wir uns auf ein paar erholsame Tage in Venedig. Nach der Einlaufmusterung verschwanden zweidrittel der Besatzung zügig von Bord. Ich hatte am ersten Tag Wache und befand mich im Deck. Plötzlich kam die Durchsage:

„Klar machen zur Eins O Musterung, Anzug Anzug !!!" Dies bedeutete, dass es irgendwo ein Problem gab, für das dringend eine Lösung erforderlich war. Nicht mehr als 70 Soldaten standen in bunt durcheinander gemischten Uniformen auf dem Flugdeck. Der Erste Offizier teilte uns mit, dass eine amerikanische F-16 „Falcon" aus Aviano, vor der kroatischen Küste abgestürzt sei. Nun galt es schnell den Piloten zu finden und ihn aus dem kalten Wasser zu ziehen. Unser Schiff war der Unglücksstelle am nächsten und sollte das Flaggschiff in der Suchformation bilden. Schnell wurde überprüft, ob wir es mit den nur wenigen restlichen Männern schaffen konnten, das Schiff für die Suche seeklar zu machen. Es war von jedem Teilabschnitt genügend Personal vorhanden, so dass wir etwa eine Stunde später, mit nur einem Drittel der Besatzung, wieder auf dem „Canal-Grande" zurück fuhren. Die in Venedig verbleibenden Kameraden bekamen fast einen Herzinfarkt, als sie bei einem kühlen Bier an der Promenade die „Köln" vorbeifahren sahen. „Sieh mal, da fährt ja noch eine Fregatte." – „Bei Neptuns Dreizack, das ist doch unsere „Köln"." Wir suchten Tag und Nacht nach dem Piloten. Jedoch fanden Schiffe nur den Fallschirm und Wrackteile der Tragfläche. Nach zwei Tagen kehrten wir schließlich nach Venedig zurück. Die restliche Crew war zwischenzeitlich bei der italienischen Marine untergekommen und freute sich sichtlich, wieder zurück an Bord zu sein.

In Venedig brauchte ich dann keine Wache mehr zu gehen. Wir besichtigten die Sehenswürdigkeiten der Altstadt und kauften Masken und andere Souvenirs in den historischen Gassen. Auf Marco Polo`s Spuren liefen wir durch seine Geburtsstadt. Es war auch mit einem guten Stadtplan nicht einfach, sich inmitten der vielen Brücken und Kanäle zurechtzufinden. Auf dem Markusplatz kauften wir uns Mais und die Tauben landeten immer genau auf dem Kameraden, der am meisten Futter gab.

Auf die interessanten Eindrücke des Auslandshafens folgten nun teilweise doch wieder eintönige, nächtliche Kriegsmarschwachen auf der Brücke. An meinen 20 Millimeter Geschützen konnte ich nachts nicht arbeiten. Vor Dubrovnik ging ich kurz mit in die Nock als Außenposten. Trotz dickem Parka war es draußen sehr kalt und unangenehm. Bis auf eine abgefeuerte Leuchtkugel über der Stadt gab es außerhalb der Brücke nachts auch kein weiteres Highlight. Um die Zeit sinnvoller zu verbringen, kam mir dann eine neue Idee.

Im Radargeräteraum hinter der Brücke stand eine Graviermaschine. Bei Gelegenheit gravierten wir Artilleristen dort Schilder für selbst gebastelte Abschiedsgeschenke. In meiner Ausbildung als Feinmechaniker im Marinearsenal Wilhelmshaven liebte ich das Gravieren mit dem Gravographen. Von meinem Vorgesetzten holte ich mir die Erlaubnis, nachts an dem Tischgerät zu arbeiten. Bei einem Alarm war ich innerhalb weniger Sekunden wieder auf der Brücke. Die Nachfrage an Souvenirs aus der Bordkantine war hoch. Also verzierte ich die „Zippo" Metallfeuerzeuge mit individuellen Gravuren zur Freude der Besatzung. Schnell war die Auftragslage so hoch, dass auch der andere Artillerist in der zweiten Wache mithalf.

Wir kassierten pro graviertem Feuerzeug eine freiwillige Spende von fünf DM in unsere Ari-Kasse. In Neapel war unsere „Kriegs"-Kasse dann schon so voll, dass wir uns davon ein „Spitzenessen" in der PUO-Messe für unser Ari-Team kochen ließen. Die Smut's zauberten uns ein Fünf-Gänge -Menü und es war jeden Pfennig wert.

Nachdem wir in Neapel eingelaufen waren, folgte ein Proviant-Manöver. Die Besatzung stellte sich in einer Schlange entlang der Schiffsgänge auf und konnte Proviantgüter durch Weitergabe von Mann zu Mann sehr schnell vom LKW bis in die Schiffslast befördern. Weitergereicht wurden Paletten mit Cola-Dosen, Lebensmittel und Bestellware. Dabei stellte der Decksmeister mit Erschrecken fest, dass jemand vor der Abreise nicht 10 Kanister, sondern 10 Kartons Bohnerwachs bestellt hatte. Der knappe Platz in den Lasten ließ es gar nicht zu, sie zu verstauen und mitzunehmen. Seine Aussage war: „Damit kann ich ja die gesamte Flotte ein Jahr lang bohnern!"

Von Neapel machten wir eine zwei Tagestour nach Rom und übernachteten in einem Hotel. Nach längerer Einsatzfahrt genossen wir den Luxus einer Badewanne und dem deutschen Fernsehprogramm.

Auf dem Transit nach Griechenland führten wir Schießübungen für das Boardingteam durch. Die einzige Range, die es gefahrlos ermöglichte, war unser Flugdeck. Dazu montierten wir Pappkameraden an Leckabwehrbalken, die wir an der Heckreling befestigten. Oft schossen wir so lange bis der Balken nach hinten wegknickte. Das Flugdeck war vergoldet von leergeschossenen 9 Millimeter Messinghülsen. Wir achteten peinlich genau darauf, dass kein Schuss das Schiff traf und es Grund gab, das „Havarie-Kommando" einzuschalten. An anderen Tagen wurden die Waffen zerlegt und mit verbundenen Augen wieder montiert. Der Stiefelbeutel kam sehr häufig zum Einsatz, bis man auch blind den Verschluss in das MG3 bekam. Später in Plön, auf der Unteroffizierschule, half es mir nachts im

Vorgesetztentraining bei vollständiger Dunkelheit zu punkten. Nichts, was man lernt, ist umsonst.

In Patras hatte unser Artilleriewaffenmeister Geburtstag. Den Abend zuvor hatten wir in der PUO-Messe in den Geburtstag hinein gefeiert. Es floss wie immer reichlich goldener „Bacardi". Am nächsten Tag wurde ausgiebig gegrillt und am Abend ging die Feier in der PUO-Messe weiter. Der AWM und ich hatten beide am nächsten Tag Hafenwache. Er ging morgens um 05:30 Uhr auf seine Kammer. Ich blieb sogar noch eine halbe Stunde länger. Bei der Wachmusterung um 8:00 Uhr waren wir beide noch sicht- lich benebelt. Ich konnte mich in der hinteren Reihe ein wenig verstecken. Er jedoch überprüfte vor der versammelten Hafenwache die Anwesenheit. Als er meinen Namen aufrief, betonte er diesen deutlich übertrieben. Ich rief ebenso laut und übertrieben aus der hinteren Reihe: "Hier, Herr Hauptbootsmann." Er schüttelte ein paar Sekunden mit dem Kopf und las dann die Anwesenheitsliste weiter. Alle anderen Kameraden grinsten weiter vor sich hin und wussten genau wie lange die Geburtstagsfeier gegangen war. Es ist im Nachhinein schwer zu beschreiben. Ganz klar war der Alkoholkonsum in dieser Zeit deutlich zu hoch. Das Verantwor- tungsbewusstsein, im Notfall alles für den Kameraden zu geben, steckte aber in jedem von uns drin.

An einem Abend ging ich mit ein paar Kameraden in Patras in verschiede- ne Kneipen und Bars. Wir waren um drei Uhr nachts die letzten Gäste in der „Hollywood-Bar". Mit dem Barbesitzer besprach ich einen Deal. Am nächsten Abend war die Hälfte unserer Tour beendet. Wir hatten ein Bergfest zu feiern. „Morgen komme ich mit 30 Mann wieder und dann feiern wir hier!" Der Inhaber nickte und wollte wohl vielmehr nur zügig seine Lokalität schließen. Am darauffolgenden Abend stand ich dann mit 20 Kameraden vor der Tür. Ich klopfte und ein Guckloch wurde aufgeschoben. Zwei große Augen schauten mich ungläubig an. „Hey, wir wollen feiern!" Noch größere Augen und dann kam seine kurze Antwort: „Gib mir zwei Minuten!" Türschlitz wieder zu.

Als wir eintraten, behandelte mich der Grieche wie einen Hollywoodstar. „Hey, da kommen jetzt aber gleich noch mehr von uns!" Zack war die Party am Laufen. Die Cola in dem „Bacardi" war nur zum Färben der Gläser. Ich war zwischenzeitlich oben beim DJ und übersetzte dem kaum englischsprechenden Griechen. Aber wir verstanden uns blind mit steigendem Ouzo-Pegel. Zwischendrin tanzten Stripperinnen, zwei nicht mehr so neue rumänische „Fregatten", aber sie gaben alles. Der Chef verabschiedete mich zum Abschluss dankbar mit zwei Flaschen gutem schottischen Whiskey. Mein Kamerad Lars B. erhielt zwei weitere. Der Inhaber hatte seinen Monatsumsatz vermutlich in einer Nacht zusammenbekommen. Auf der Fregatte war ich jetzt kein „Neuer" mehr, sondern Mitglied im „Außenspürtrupp".

Während der Adriatour hatten wir einen evangelischen Militärpfarrer mit an Bord. Er war in allen Messen bei vielen geselligen Runden mit dabei. Sein vielleicht unbedachter Originalton: „Im Ausland kennt Gott mich nicht". Er war bei uns allen beliebt und authentisch. Der Pfarrer lagerte seinen Karton mit Rotwein, den er für sein Abendmahl benötigte, in unserem Torpedoraum. Auf der Fahrt zerbrach in dem Karton eine Flasche Rotwein, in der Nähe eines Torpedos und verteilte sich auf dem Boden. Damit der Kraftstoff in den Tiefwassertorpedos Mark 46 bei einer Leckage schnell zu erkennen ist, werden die Bodenbereiche weiß angemalt. Der Kraftstoff ist rot gefärbt und hochgefährlich, da er der Umgebungsluft den Sauerstoff entzieht. So kam es fast zu einem „OTTO Fuel Manöver", als der Torpedogast Lars B. den Raum betrat und mit einem großen Schreck die rote Flüssigkeit unter dem Torpedo entdeckte. Bevor er den Alarm im Leitstand meldete, roch er jedoch den Wein und brach die Meldung im letzten Moment ab.

Nach über hundert Tagen war unser letzter Hafen dann erneut Palma de Mallorca. Wir hatten auf See in den drei Monaten viel erlebt und waren alle deutlich reifer geworden. Meine Gesichtszüge waren deutlich verändert nach der Tour. Noch einmal wollten wir in den Discos den kompletten Stress abfeiern, der sich durch den Kriegsmarsch ergeben hatte. Wir hatten am Ende der Nacht kein Geld mehr für ein Taxi. Ein dicker Matrose wollte im Bordell seine „Auserwählte" heiraten. Wir holten ihn da raus und liefen von El Arenal zum Liegeplatz zurück. Morgens um 7:00 Uhr lag ich gerade für 10 Minuten in der Koje, als die Durchsage kam: „Besatzung sich klarmachen für den Empfang der Fregatte „Lübeck". Beim Klabautermann, 200 Marinesoldaten feierten auf der Pier und sangen: „Wir fahr'n nach Hause, ihr bleibt erstmal hier... Ihr bleibt erstmal hier!" Schon ging die Party weiter.

Marinestützpunkt Wilhelmshaven (2. Quartal 1995)

Beim Einlaufen in Wilhelmshaven lief über unseren Schiffslautsprecher „Conquest of Paradise" von Vangelis. Es war ein klassischer Gänsehautmoment als wir an Oberdeck standen und unsere Familien uns auf der Pier empfingen.

Wenige Wochen nach unserer Rückkehr in Wilhelmshaven wechselte Kommandant Rutz sein Kommando. Nach alter Marinetradition wurde er mit einem Kutter von Offizieren „abgepullt". Die Schiffsbesatzung ehrt den Kommandanten dazu mit einer Front. Unser Artillerie-Team bestellte für dieses Ereignis eine Salutkanone, die wir auf das Düppel-Deck schraubten. Da der neue Kommandant Tom Miller ebenfalls Artillerist war, wollten wir ihn damit gleichzeitig gebührend empfangen. Die 40 Millimeter Salutkanone wurde von drei Artilleristen bedient. Einem Ladeschützen, das war in dem Fall ich, einem Soldaten für die Verriegelung des Verschlusses und dem Artilleriewaffenmeister, der mit der Stoppuhr die Schussfrequenz vorgab und feuerte. Ein Kamerad reichte mir die Munition in die Hand. Am Tag der Verabschiedung schossen wir sieben Schuss Salut. Die Treibladungen wurden innerhalb weniger Sekunden nachgeladen und nach Takt verschossen. Bei jedem Schuss gab das Düppel-Deck um mehrere Handbreit nach und das Stahl-Deck bewegte sich unter uns wie ein Trampolin. Bereits nach dem dritten Schuss hatte ich so viel Schmauch und Rauchdämpfe im Gesicht, dass ich nichts mehr sehen konnte. Niemand hatte vorab Schutzbrillen dafür vorgesehen. Die restlichen vier Schuss belud ich praktisch blind und mein Gesicht war pechschwarz. Der AWM motivierte mich vor dem Schießen, dass er meinen Urlaub streichen wollte, wenn irgendetwas beim Salut daneben gehen würde. Tatsächlich war es ein Wunder, dass es reibungslos ablief, obwohl ich praktisch gar nichts mehr sah.

Durch das Marinearsenal bekamen wir zu Testzwecken ein kampfwertge-steigertes 20 Millimeter Geschütz. Das Grundmodell der 20 Millimeter Maschinenkanonen vom Typ Rheinmetall 202 auf Lafette S20 wurde all-gemein von der gesamten Besatzung belächelt. Inoffiziell sprach jeder von einer Besatzungsberuhigung. Speed-Boote oder Helikopter waren von der Trefferwahrscheinlichkeit bezüglich der Richtgeschwindigkeit und dem Vorhalt noch erreichbare Ziele. Bei Jets oder gar Flugkörpern war ein Treffer aber niemals realistisch. Die F4 „Phantom", die uns manchmal anflog, sah man durch ihre beiden rauchenden Triebwerke schon frühzei-tig am Himmel. Modernere Jets wie den „Tornado" sah man, wenn über-haupt, erst eine Sekunde vor dem Überflug. Im Ernstfall bekämpfen Flug-zeuge Schiffe weit hinter dem Horizont mit ihren Seezielflugkörpern und kamen selbst gar nicht erst in die Nähe des 20 Millimeter Geschützes. Die Waffe hatte eine effektive Kampfentfernung von 2000 Metern. Die Sprengbrandmuntion zerlegte sich nach der maximalen Reichweite selbst durch voreingestellte Zünder. Neben der Zielungenauigkeit kam es auch mit einer guten Wartung viel zu oft zu Störungen im Seebetrieb. Die Mari-neführung hatte diesen Nachteil erkannt. Das Marinearsenal hatte zur Kampfwertsteigerung eine nachtsichtfähige Laser-Zielvisierung mit Helm-kamera entwickelt, welche wir nun in der Nordsee testen durften. Insge-samt waren wir fünf Artilleristen, die die Waffe unter verschiedenen Bedin-gungen bewerteten. Jeden Abend schrieben wir Berichte und waren schnell von der neuen Treffsicherheit begeistert. Wir testeten sie im Nebel, in der Nacht und unter stürmischen Bedingungen. Am letzten Tag, in der Dämmerung, schossen wir auf drei Ballone, wobei der letzte Ballon permanent unbeschädigt blieb. Der Kommandant genehmigte uns einen letzten Anlauf mit 15 Schuss DM-98-Übungsmunition. Ich wurde als letzter Richtschütze eingeteilt und die gesamte „Ehre der Artillerie" lag wieder mal auf meinen Schultern. Wenn wir nicht trafen, konnte man sich das auch Tage danach noch im Schiff anhören. Nach dem dritten Feuerstoß mit fünf Schuss schauten wir gespannt auf die weit entfernten Wellen und suchten nach dem roten Ziel. Der Ballon war mit den allerletzten Schüssen getroffen worden. Der neue Kommandant Tom Miller, selbst auch mal Artillerist, nickte zufrieden. Die Waffe wurde angeblich aus Kostengründen nie auf den Schiffen eingeführt. Das spätere Marineleichtgeschütz MLG27 hatte aber sicherlich unsere Auswertungen für die Zielvisierung mit Laser und Nachtsichtfähigkeit übernommen.

So schraubten wir weiterhin an der alten Waffe und hielten unsere beiden Sorgenkinder so gut es ging flott. Die Wartung oder auch militärisch „Planmäßige Material Erhaltung" genannt, folgte irgendwann nicht mehr nach den PME-Listen, sondern auch nach Wetterlage und unseren persönlichen Erfahrungen.

Unsere Arbeiten auf dem Signaldeck am 20 Millimeter Geschütz wurden häufig von der Durchsage unterbrochen: „RADHAZ Stufe 2, STIR dreht und schwenkt ohne Warnung." Der Begriff RadHaz steht für Radition Hazard, also für die Gefährdung durch elektromagnetische Strahlung. Unser Feuerleitradar STIR 180 befand sich knapp hinter dem Brückendach. Es beleuchtete die Luft- und Seeziele mit hoher Mikrowellenstrahlung und diente zur Ausrichtung auf ein Ziel mit dem 76 Millimeter Geschütz oder den „Sea-Sparrow"-Flugkörpern. Bei negativ gerichteter Stellung des STIR waren unsere 20 Millimeter Waffen immer im Zielbereich der Keule. Jeder von uns hatte Angst, in einen Richtstrahl zu geraten, da meistens schon direkt nach der Durchsage das Feuerleitradar in unsere Richtung schwenkte. Ein Gerücht an Bord besagte, dass vorbeifliegende Möwen im Nahbereich des Richtstrahls tot vom Himmel fielen. Keiner von uns hatte es je selbst gesehen, aber die Angst vor einer Verbrennung oder einem späteren Krebsleiden ließ uns im Telefonat mit der OPZ regelmäßig sehr ärgerlich laut werden.

Nach vielen Seefahrten bekamen wir immer wieder auch Schulungsangebote an Land. Eine Woche der wehrpolitischen Weiterbildung brachte mich mit weiteren Kameraden nach Berlin. Der Decksmeister der Fregatte „Köln", Hauptbootsmann K. war einige Zeit bei der US-Navy im Einsatz. Sein Markenzeichen war der Kaiser-Wilhelm-Bart und seine Ausgehuniform war verziert mit außerordentlich vielen Abzeichen an der Ordensspange. Wir übernachteten in Berlin in der Julius-Leber Heereskaserne. Morgens liefen wir in Ausgehuniform zusammen zur Kantine, um zu frühstücken. Der Decksmeister kam an einer Einheit mit Grundwehrdienstleistenden vorbei und sah sich den Heeres-Formaldienst an. Dessen Stabsunteroffizier drehte sich überhastet zur Meldung zu unserem Decksmeister. Beeindruckt von den vielen Abzeichen rief er überrumpelt: „Guten Morgen …,(???)… Herr Kapitän." Das ein Marinesoldat in unseren Augen mehr „wert" war, als die Jungs vom Heer, war uns bekannt. Das ein Vorgesetzter dies nun auch vor seiner Mannschaft offen zugab, war uns neu.

Mitte bis Ende der 90er war insbesondere das Auftreten der Marine in der Öffentlichkeit ein ganz anderes Thema als heute. Wenn wir in der Dienstzeit in der Stadt etwas zu erledigen hatten, dann generell immer in der Ausgehuniform. Niemals im BGA, dem blauen Bord und Gefechts-Anzug. Das war zu dieser Zeit tabu. Sämtliche Kleidung war sauber und geputzt. Das war für uns alle selbstverständlich. Der Anzug wurde maximal bei einem Waffentransport mit einem weißen Hemd, Krawatte und blauem Bord-Pullover kombiniert.
Einmal begleitete ich später als junger Maat meinen WTO Uwe D. bei einem Waffentransport nach Zetel. Auf dem Weg trug ich die P1 im Halfter und wir machten einen Zwischenstopp bei der Sparkasse, um noch kurz Geld aus dem Automaten zu ziehen. Ich witzelte mit dem WTO, eigentlich kann ich doch auch direkt an den Schalter und den Tresor für uns leer-

räumen lassen. Die Realität war dann aber in Wirklichkeit doch ein gewisses Unbehagen, mit einer geladenen Waffe in der Öffentlichkeit zu laufen.

Zurück an Bord freuten wir uns jeden Donnerstag auf den Seemannssonntag. Nicht nur dass es ein leckeres Stück Kuchen zum Dienstende gab, nein, auch unser bordeigenes Filmteam stellte die neuesten selbstgedrehten Filme vor. „KCTV- Köln Cable Tele Vision". Das Team bestand aus vier Soldaten, die sich als Kameramänner, im Filmschnitt und in der Moderation auszeichneten. Es war meist eine gelungene Mischung aus den Dokumentationen der Häfen, lustigen Werbeclips aus den Reihen der Besatzung und aktuellen Themen der „Köln". Irgendetwas wurde immer durch den Kakao gezogen. Selten war es vorab ersichtlich, was aus dem Filmmaterial später nachbearbeitet und geschnitten wurde. Es wurden Tränen gelacht und alle Messen schauten, nach Dienstgradgruppen getrennt, zeitgleich das neueste Video von KCTV. Nach Abhängigkeit davon, wer oder welches Thema gerade ausgestrahlt wurde, richtete sich auch die Lautstärke des Gelächters der jeweiligen Messe. Wir hörten uns im gesamten Schiff.

Nord-Ostseekanal (2. Quartal 1995)

Auf dem Weg in die Ostsee fuhren wir durch den Nord-Ostseekanal. Die entspannte Ruhe des Kanals, ließ uns Artilleristen ein gemütliches Bier an Oberdeck trinken. Der preußische Kanzler Bismarck hatte dieses großartige Bauwerk doch noch gegenüber Kaiser Wilhelm durchgeboxt. Sein Argument war die schnellere Verlegung der Marineschiffe, auch wenn es militärisch nicht ganz stimmte. Die kaiserlichen Admiräle wollten für das viele Geld lieber eine weitere Flotte haben. Eine Fahrt durch den Skagerrak, um Jütland herum, blieb uns erspart. Die alten Seefahrer nannten die Nordsee-Meerenge des Skagerrak und Kattegat früher das Kap des Nordens. Viele Segler ließen hier ihr Leben, genauso wie im Süden am Kap Hoorn. Die Marinetradition sorgte in der Schleuse Kiel-Holtenau für einen „Eislauf". Jeweils ein Kamerad jedes Hauptabschnitts, der erstmalig den Kanal durchfuhr, musste am Kiosk Kanal-Eis einkaufen. Bei 200 Mann Besatzung sollte man schnell sein, bevor die Gefriertruhe leer gekauft war. Natürlich stellte sich der Kioskverkäufer frühzeitig auf unsere Passage ein und hatte genug Eis für uns alle dabei. Funk sei Dank.

Deutsch-Französischer Verband AAG 113/95 (2.Quartal 1995)

Der deutsch–französische Verband wurde an einem Wochenende in Warnemünde in Dienst gestellt. Die Schiffsbesatzungen marschierten mit viel Musik und Pomp zu einem Musterungsplatz. Der Verband bestand aus drei französischen Schiffen und zwei deutschen Fregatten. Dementsprechend viele Soldaten standen im Carré zum Empfang des Verteidigungsministers. Nach über einer Stunde des langen Wartens, kam Volker Rühr verspätet mit dem französischen Kommandeur zur Truppenmusterung. Alle Kameraden waren aufgrund des langen Stillstehens nicht sonderlich begeistert, uns seine kurze belanglose Rede anzuhören. Zur Entschädigung gab es im Hafen ein Volksfest und jeder Abend wurde genutzt, um ausgiebig zu feiern. Am letzten Abend in Warnemünde ging ich mit meinen beiden Artillerie-Unteroffizieren Obermaat K. und Maat B. sowie Obermaat („Isabella") B. auf Tour. Während des Abends lernte ich ein paar Einheimische kennen und ich verlor meine Kameraden aus den Augen. Wir feierten bis spät in die Nacht und ein Mädchen begleitete mich auf einem langen Spaziergang. Erst unterhielten wir uns lange, dann verbrachten wir die restliche Nacht im Strandkorb von Warnemünde. Frühmorgens brachte ich sie sicher zurück zu ihrer Haustür. Als ich um die nächste Straßenecke bog, war ich plötzlich mittendrin in einer Straßenschlägerei. Als ich unerwartet meine Unteroffiziere erkannte, schrie ich lauthals in der Lautstärke eines Drill Instruktor: „Hey, was ist hier los!" Da sie wussten, dass ich Kampfsportler war, unterbrachen K. und B. sofort den Kampf und stoppten mich, als ich es schnell beenden wollte. Der andere Mann flüchtete Hals über Kopf in die Nacht. Der Kampf war vorbei, doch wie sahen sie aus. Holger B. hatte ein dickes blaues Auge und eine komplett zerrissene Kleidung. Thorsten K. blutete aus mehreren Wunden im Gesicht. Der Angreifer von der Fregatte „Emden" hatte ebenfalls fürchterlich einstecken müssen, soviel erkannte ich noch. Wir suchten noch K.'s teure Lederjacke aus Bari. Er hatte sie bei der Schlägerei verloren und wir fanden sie schließlich unter einem Wagen wieder. Rechts und links hakte ich die beiden betrunkenen und lädierten Unteroffiziere ein und wir liefen zurück zum Schiff. Als wir auf der Fregatte „Köln" ankamen, dämmerte es bereits. In ein paar Stunden sollte der Verband Richtung Frankreich auslaufen.

Ausgerechnet jetzt stand der Erste Offizier schon zur morgendlichen Flaggenparade auf dem Flug-Deck beim Wachposten. Er sah mich nur fragend an, wie ich meinen Unteroffizieren über die „Stelling" half. „Nur damit es klar ist, ich war das nicht!" Beide Unteroffiziere durften gleich mit zu ihm auf die Kammer. Im Hafen von Brest erhielten sie zur Bestrafung die „Kinderkarte", ein Ausgehverbot als disziplinarischen Verweis. Ein Soldat der Fregatte „Emden" wurde noch in Warnemünde von seiner Einheit zurück nach Wilhelmshaven geschickt. Er hatte die Schlägerei begonnen.

Als Hauptgefreiter war ich das erste Mal als 76 Millimeter Turmführer für den gesamten Schießabschnitt aller Anläufe eingeteilt. Sämtliche Abläufe von der Vorbereitung der Munition, über die Gefechts- und Feuerbereitschaft unterlagen meiner Verantwortung. Ausgerechnet an diesem Tag wurde es von Stunde zur Stunde stürmischer. Dabei waren wir noch nicht mal in der Biskaya, sondern im Transit. Der Artilleriewaffenmeister verschwand in immer geringer werdenden Abständen aus der Umladekammer in die dahinterliegende Toilette. Er war beim Schießen das größte

Nervenbündel. Mein Unteroffizier hatte bedingt durch den Seegang auch eine ungesunde Gesichtsfarbe. Irgendwann wurde es auch ihm zu viel und er verschwand ebenfalls kreideweiß in der Toilette. Ich kümmerte mich somit um den Funkkontakt zur OPZ, belud parallel allein den Belade-ring der Waffe, förderte die Munition bis in die Pendelarme und schaltete die Waffe per Fernsteuerung an die OPZ. Auf meinem Sitzplatz hinter dem Hauptschaltschrank fuhr ich Fahrstuhl. Meine Vorgesetzten sah ich immer nur kurz im Schott stehen und dann wieder zur Toilette zurücklaufen. Die Schiffsbewegungen gingen an die Leistungsgrenzen und ich hielt mich mühsam auf meinem Klappsitz fest. In der Aufwärtsbewegung fühlte man sich durch den Anpressdruck sehr schwer und wenn die „Köln" in die Wel-lentäler tauchte, konnte man förmlich fliegen. Der letzte Anlauf zum Schießen wurde dann zum Glück aufgrund des Wetters abgesagt.

Während einer Fahrt vor der englischen Küste, sollte der gesamte Schiffs-verband in einer Formation von einem Helikopter fotografiert werden. Dieses Manöver nannten wir „Fotex". Neben den eigentlichen fünf Marine-schiffen, den Fregatten „Emden", „Lavallée", „De Grasse" und „Köln" und dem Versorger „Durance", gesellte sich unerlaubt ein kleiner englischer Segler mit in die Formation. Da unser Verband nun entschieden unförmig wirkte, entschloss sich unser Kommandant Tom Miller ein kurzes Übungs-schießen vor dem Bug des Seglers durchzuführen. „Goldhammer, Gold-hammer!" Wir sprinteten wieder durch das Schiff zum 76 Millimeter Geschütz und beluden die Waffe mit drei Schuss Übungsmunition DM-198. Die heilige Barbara fegte in seine Nähe. Der Segler entfernte sich nun schnell wieder von unserer Formation und wir brauchten kein weiteres „Crossing the T"-Manöver fahren und unsere „Breitseiten" abfeuern. „Bitte recht freundlich!" Unsere Formation war klar für das Foto.

Vor einer Hubschrauberlandung suchten wir das Flug-Deck immer nach Fremdkörpern wie kleinen Schrauben oder anderen Gegenständen ab. Es galt einen Absturz bei der Landung zu vermeiden. Durch die ansaugende Turbine und den drehenden Rotor konnte schnell ein Triebwerkschaden entstehen. Wir warteten mitten in der Biskaya auf einen französischen Hubschrauber, als sich im Gleitflug mit letzter Kraft eine Taube bei uns niederließ. Der Signalmeister holte seine beiden Kellen raus und tat so, als würde er einen „Sea Lynx" zu sich heranwinken. Die Taube lief ihm direkt nach und folgte ihm unter dem Gelächter der Zuschauer in den Hangar. Wir informierten die Smuts, um uns ein wenig Brot nach oben zu bringen und fuhren das Hangar-Tor wieder nach unten. Der Hubschrauber der Franzosen setzte zur Landung an. Eine Taube im Triebwerk wollten wir, auch im Interesse der Taube vermeiden. Nachdem der Helikopter wieder abflog und sich die Taube mit Wasser und Futter vollgefressen hatte, entließen wir sie wieder in die Freiheit. Um uns herum war das nächste Land über 150 Kilometer entfernt. Leider flog die Taube direkt in westliche Richtung. Ob sie es bis nach Amerika geschafft hat, werden wir wohl nie erfahren.

Innerhalb des deutsch-französischen Verbands nutzte ich die Gelegenheit, um für drei Tage auf der französischen Frégate „De Grasse" mitzufahren. Der Besatzungsaustausch innerhalb befreundeter Marinen nennt sich in der Marinesprache Crosspol (X-Pol). Dazu tauschen jeweils zwei Besatzungsangehörige der jeweiligen Nation das Schiff und ihren identischen Dienstposten. Ziel ist es, über den Tellerrand zu schauen, Vorurteile abzubauen und die Marine-Partnerschaften zu verbessern. Mit dem „Sea-Lynx" der Franzosen düsten wir in spektakulären Flugmanövern über den Marineverband. Wir klebten durch die Fliehkräfte im Sitz, wie im Karussell auf dem Jahrmarkt.

Bereits am zweiten Tag im französischen Artillerieteam bot sich mir die Gelegenheit an einem 100 Millimeter Luftabwehrschiessen teilzunehmen. Die Fregatte hatte zwei 100 Millimeter Türme vorne auf der Back. Beide waren jeweils mit einem Richtschützen und einem Beladeschützen besetzt. Im vorderen Turm Alpha fragte ich den Richtschützen, ob ich einen Ohrschutz benötigen würde. Die Tür im Turm war während des Schießens offen und ich befürchtete, dass ich möglicherweise ein Knalltrauma erleiden würde. Der Richtschütze schüttelte mit dem Kopf und hatte seinen Kopfhörer auch nur locker aufgesetzt.

Nachdem ein Learjet mit einem Ziel-Luftsack die Fregatte überquerte, drehten wir uns schnell, wie in einem Karussell. Die Fliehkraft drückte mich gegen die Außenwand des Geschützes und schon knallte es fünfmal dumpf in geringer Lautstärke. Der Turm fuhr in seine Ausgangsposition zurück und ich unterhielt mich wieder mit dem Beladeschützen im hinteren Teil des Turms. Plötzlich und ohne vorher etwas zu ahnen, wurde mein linkes Hosenbein von einer riesigen Druckwelle erfasst. Der Turm Bravo schoss nun auch fünfmal schnell hinter einander. Die geöffnete Tür unseres vorderen Turmes Alpha war genau im Schusspegel des dahinter schießenden Turm Bravo. Die beiden Franzosen lachten, als ich deutlich zusammenzuckte. Sie hatten sich unbemerkt vorher wieder ihre Kopfhörer aufgesetzt. Ich stimmte mit ein, wir hatten den gleichen Humor uns zu foppen.

Im französischen Hafen Brest lagen wir an einer befestigten Pier von nur fünf Metern Breite. Beidseitig daran waren die Schiffe vertäut. Aufgrund des Tidenhubs war unsere Stelling alle sechs Stunden entweder sehr flach oder sehr steil zur Pier aufgestellt. Ich stand gerade auf dem Flugdeck bei der Wache, als der Gefreite G. sturzbetrunken aus dem Ho-Chi-Minh Pfad auf das Flugdeck stolperte. Zielstrebig steuerte er im taumelnden Schritt auf die sehr steile Stelling zu. Alle dachten nur, wie voll ist der denn jetzt bitte schon wieder. Auf dem Fallreep hörten wir bei jedem Schritt von ihm ein lautes: „Oh, Oh, Ohh, OHHH." Er nahm auf der steilen Gangway immer mehr Fahrt auf und kam nicht mehr zum Stehen. Aufgrund des Winkels war die Pier nun zwei Metern hinter der Stelling zu Ende. Dahinter befand sich ein kleines französisches Minensuchboot. Der Gefreite G. knallte mit weit ausgestreckten Armen gegen die Bordwand des Minensuchers und rutschte wie in einem Zeichentrickfilm zwischen die Pier und dem Boot. Es sah zunächst aus wie bei Tom & Jerry, nur war es die Wirklichkeit. Wir alle konnten uns zunächst brüllend vor Lachen nicht mehr halten, bis wir Sekundenspäter den Ernst der Lage erblickten und dem armen Kerl zu Hilfe eilten. Der Gefreite hatte Glück, das er noch so gerade aus dem Wasser gefischt werden konnte. Nach diesem Tag durften wir die Fregatte nur noch nahezu nüchtern verlassen.

In Brest traf ich mich mit den französischen Artilleristen der „De Grasse" wieder. Wir tranken Tequila in einer Bar und fuhren in eine exklusive Disco („César Discothèque"). Die Jungs waren genau wie wir, verrückt und weltoffen.

Unser WTO bot als Austauschoffizier wieder eine Bustour an. Für ein paar Mark konnte ein kleiner Kreis von uns wieder sehr viel vom Land sehen. Wir fuhren von Brest in die Bretagne. Wir hatten ursprünglich gehofft, auch den Atlantikwall besichtigen zu können, was aber wegen einer Straßensperre leider nicht möglich war. Mittags aßen wir in Plougonvelin, in einer kleinen Holzhütte irgendwo oben an der Küste, gute französische Küche. Unser humorvoller drei ELO-Meister S. himmelte die französische Bedienung an und sprach offen auf Deutsch, was er Schönes mit ihr machen wolle. Es war alles im niveauvollen Rahmen, was durchaus auch nicht immer so war. Die Kellnerin hatte beim Bedienen in seiner Ecke auffällig weniger Zeit. Beim Kassieren der Rechnung sagte sie dann: „Monsieur, im Übrigen verstehe ich auch Deutsch sehr gut". Wir mussten alle lachen. Sie war cool.

Auf dem Rückweg aus Frankreich kauften wir nochmal unsere Kantine leer. Über den Bordlautsprecher schallte: „Atika, Atika, Ah die Kantine hat geöffnet." Bei „Stooney" im Shop war vieles erhältlich und er als Verkäufer ein echtes Unikum. Die Monatsflasche Alkohol war streng reglementiert. Zigaretten konnte man aber stangenweise und Parfum literweise für den Eigenverbrauch für einen geringen Betrag einkaufen. Als Nichtraucher brachte ich die Zigaretten mit nach Hause und es waren immer gern gesehene Geschenke im Bekanntenkreis. Die Mädels freuten sich über das Parfum. Natürlich wartete nach jeder Tour der Zoll im Hafen auf uns. Die schwarze Gang verstand dabei keinen Spaß. Ab einer gewissen Menge galt es als Hehlerei und wurde auch an Bord disziplinarisch hart bestraft. Niemand hatte seine Übermengen im Spind gelagert und wir holten die zwei bis drei Zigarettenstangen und die gesammelte Monatsflaschen über Wochen nach und nach aus unseren Verstecken. Zigarettenstangen passten ideal in die Packgefäße verschossener 76 Millimeter Hülsen. Diese lagen unten in der Munitionskammer, unterhalb der Umlade-Kammer. Der Schmauch aus der Hülse verdeckte im Gefäß den Tabakgeruch, so dass auch Spürhunde sie kaum orten konnten. Die halbwegs wieder zusammengedrehte Plombe war nicht schnell von einem echten vollen Packgefäß zu unterscheiden. Bei mehr als 1600 Schuss mit Grundladung und Leergutbehältern eine unübersichtliche Menge Munition. Wir hatten nie wirkliche Durchsuchungen vom Zoll im Schiff, aber die Suchhunde hätten die paar Stangen unten in der Munitionskammer sicher niemals finden können.

Führungsakademie der Bundeswehr FÜAKEX (2.Quartal 1995)

Während eines „FÜAKEX" (Führungs Akademie der BW Exercise) in der Ostsee zeigten wir Führungskräften des Heeres und der Luftwaffe, an mehreren Tagen das Bordleben und diverse Seemanöver. Bereits am Morgen sollte inoffiziell ein Übungsschießen mit der 76 Millimeter Waffe erfolgen, was aber bis zum Mittag ausblieb. Auf die Durchsage „Goldhammer, Goldhammer" warteten wir permanent gespannt. Mit dem Kommando wurde wie so oft, das Schießen unter Gefechtsbedingungen eingeleitet.

Unser Artillerieteam war gerade komplett im Hubschrauberhangar versammelt, als unser Artilleriewaffenmeister mit dem Kommandanten Tom Miller sprach. Beide redeten über das ausgefallene Schießen und der AWM erfuhr, dass angeblich zu viel Schiffsverkehr kein Übungsschießen zuließ. Unser Kommandant ging direkt wieder zurück auf die Brücke. Keine 10 Minuten später hörten wir die Meldung: „Goldhammer Goldhammer, Schussrichtung XXX, Geschütz mit 6 Schuss DM-228 beladen. "Alle Artilleristen liefen Hals über Kopf im Sprint zum 76 Millimeter Geschütz. In Abteilung VII knallte ich in der engen ABC-Schleuse mit einem ranghohen voluminösen Luftwaffensoldaten zusammen. Als er auf den Decksboden fiel, war ich bereits an ihm vorbei und ließ mich in den Niedergang herabrutschen. Im langen Z-Gang wagte es kein Soldat uns im Weg zu stehen. Alle Mann zogen blitzschnell Ihre Bäuche ein, als wir sie rennend passierten. Wie immer feuerte uns die gesamte Besatzung an, bis wir in der Umladekammer im Vorschiff ankamen. Dort beluden wir die Waffe mit der Übungsmunition, um schnell zu feuern. Die anderen Teilstreitkräfte begriffen schnell, dass bei einem Waffeneinsatz jeder überrannt wurde, der sich der Marine in den Weg stellte. Der gefallene Oberst nahm es mir nachträglich nicht übel. Später fuhr ein Schnellbootverband auf uns zu. Unser Kommandant Tom Miller war, bevor er das Kommando der Fregatte übernahm, ebenfalls Schnellbootfahrer. Seine alten Verbandskameraden näherten sich mit 5 Booten der 143er Klasse unserem Schiff. Um besser

sehen zu können, ging ich vom Harpoon-Deck auf die Brücke. An Oberdeck war zunächst noch alles ruhig. Im Schiff hörte ich dann auf einmal
sehr viele aufeinander folgende Schüsse. Als ich die Brücke betrat, stürmte Tom Miller aus der Backbord-Nock auf mich zu und rief lachend: „Ari,
schnell hol mir mehr Munition!" Mit unglaublichem Blick sah ich die
Schnellboote abfahren und der Himmel war voller Rauchspuren und
Leuchtkugeln in wirklich allen Sternfarben. In weiß, grün aber auch im
Notsignal rot. Tom Miller hatte jedes ankommende Boot mit etlichen
Leuchtkugeln begrüßt und den gesamten Vorrat der Brücke geleert. Die
Schnellboote schossen ebenfalls ihre Sterne zurück. Ein weiteres Highlight des „Füakex" war die Sprengung einer Seemine durch die Minentau-
cher. Zwei Minensucher waren noch viel näher im Sprenggebiet vor Ort
und hatten Stunden zuvor bereits die Ladungen ausgebracht. Wir sahen in
rund einem Kilometer Entfernung eine riesige Wassersäule aufsteigen und
hörten die Detonation. Die Druckwelle erreichte das Schiff erst eine Sekunde später und die „Köln" wurde durchgeschüttelt. Im Anschluss flogen
noch zwei „Tornado"-Kampfflugzeuge auf die Fregatten zu. Sie schossen
mit ihren 30 Millimeter Bordwaffen Salven in unser Heckwasser. Die Waffentechnik der Jets war zum Glück weitaus präziser als unsere alten 20
Millimeter Geschütze.

Während einer Übung in der Nordsee trafen wir mit der HMS „Exeter" der
Royal Navy zusammen. Der englische Zerstörer der Sheffield-Klasse war
dazu abgestellt worden, Greenpeace-Aktivisten daran zu hindern, die
englische Ölplattform „Grand Spa" zu besetzen. Die HMS „Exeter" wurde
jedoch nicht aktiv gegen Greenpeace eingesetzt und sollte nur im Notfall
hinzugezogen werden können. Die deutsche Politik beorderte die Fregatte
„Köln" als Gegenpol der Briten zur Bohrinsel. Um die Spannung etwas zu
deeskalieren, entschieden sich die beiden Marinen für einen Besatzungsaustausch. Für mich bot sich erneut die Gelegenheit für ein Crosspol auf
die HMS „Exeter. Nachdem mir ein englischer Artillerist sein Schiff und
ausgiebig das SA30-Sturmgewehr gezeigt hatte, gingen wir in das Mann-

schaftsdeck. Schnell stand fest, was wir eh schon wussten: Auch die Engländer tranken gerne Bier und wir beseitigten zusammen etliche „Miller" und Cider Apfelwein. Die Briten waren intern auch dagegen, dass der Shell Öl-Konzern die Bohrplattform im Meer versenken wollte. Kein Seemann, der das Meer liebt, will eine Meeresverschmutzung. Es ging einzig allein um die Wirtschaftsinteressen auf politischer Ebene. Am Nachmittag kam die überstürzte Meldung, dass uns das Speedboat der HMS „Exeter" sofort wieder zurück zur Fregatte „Köln" bringen solle. Ich kam nicht einmal mehr zur Toilette, um das viele Cider loszuwerden. Während der Überfahrt brauste der Wind stark auf und hohe Wellenkämme entstanden. Wir hatten Mühe durch die Wellenberge- und Täler zurück zum Schiff zu gelangen. Der Rückweg dauerte bereits über 20 Minuten und die Gischt ließ nicht ein Kleidungsstück von uns trocken. Meine volle Blase schmerzte unvorstellbar bei jedem Schlag des Bootes auf das Wasser. Als wir die Jakobsleiter heraufkletterten, begrüßte mich gleich unser erster Offizier Korvettenkapitän Mathias M. Er fragte mich, wie es mir gefallen hatte, doch ich ließ ihn mit den knappen Worten stehen, dass ich jetzt erstmal ganz dringend auf die Toilette musste. Sicherlich hatte er auch bemerkt, dass wir alle „kräftig einen im Tee" hatten. Aber egal! Viel wichtiger war, dass das Crosspol bei den Briten friedlich verlief.

Die Ölbohrplattform wurde von Shell auf politischem Druck regulär an Land entsorgt und unser Einsatz dann auch schnell wieder beendet.

Wir hatten uns noch vorgenommen einen Besuch in Edinburgh einzulegen. Das Wetter schlug aber weiter um und wir machten drei Tage lang nur 3 Knoten Fahrt über Grund. Praktisch fuhren wir mehrere Tage nur auf der Stelle. Im Schiff herrschte bei Sturm die sogenannte Sturmroutine. Alle Arbeiten wurden auf ein Minimum zurückgefahren. Da ich von Anfang an seefest war, liebte ich es, wenn es mal etwas ruppiger wurde. Das Pfeifen des Windes in den Masten ist so laut, dass man das eigene Wort nicht mehr versteht. Auf dem Flugdeck sah es manchmal so aus, als könne man im Heckwasser der Fregatte in einen tiefen Tunnel zum Meeresgrund blicken und Tritons goldenen Palast erblicken. In der Messe machte ich mit den verbliebenen Kameraden Faxen, als ich mit einem Staubsauger den Boden saugte. Meine Seebeine gingen bei jeder Welle mit. Der Staubsauger fuhr in alle Richtungen und nur der Schlauch hielt ihn noch in meiner Nähe. Aufgrund des andauernden Tiefdruckgebietes beendeten wir die Anfahrt nach Schottland und fuhren zurück nach Wilhelmshaven.

Marinewaffenschule B Kappeln und A Eckernförde

F1 System- und Fregattenlehrgang (01.07. – 31.12.1995)

Im Sommer 1995 wurde ich im Rahmen meiner weiteren Unteroffiziers-ausbildung zunächst zum Systemlehrgang F1 mit anschließendem Fregat-tenlehrgang nach Kappeln zur Waffenschule Ellenberg versetzt. Der waf-fentechnische Abschnitt gliederte sich in einer dreimonatigen Ausbildung an dem „OTO Melara" 76 Millimeter Geschütz. Hieran nahmen Fregatten- und Schnellbootfahrer teil.

Nach dem bestandenen F1 ging es für wenige von uns weiter mit dem Fregattenlehrgang. Hier erlernten wir über weitere drei Monate die restli-chen Hauptwaffensysteme der 122er Fregatten. Das waren u.a. das NATO Sea-Sparrow Starter System mit dem RIM-117 Flugkörper. Und danach der RAM-Werfer RIM-116 Rolling Airframe Missile.

Im Lehrgang trafen wir zwei Feuerwerker. Sie hatten die Ausbildung be-reits abgeschlossen und waren Spezialisten im Bereich der Munitionskun-de und Sprengstoffe. Ihre Hauptaufgabe war die Munitionsräumung (EOD), also das Lokalisieren, Entfernen und Unschädlichmachen von Munition: „Wer suchet der findet, wer drauftritt verschwindet." An einem Tag verkabelten sie das Büro des Inspektionschefs mit selbstgebauten Squibs, ein Knallkörper aus Haushaltwaren, der mit einer in Säure ge-tränkten Schnur detonierte. Die Knallkörper klebten sie mit Bundeswehr-tape an Schubladen, Bürostühlen und weiteren Stellen in der Stube. Der

Kapitän bestand darauf, erst wieder in den Raum zu gehen, wenn alles vollständig entfernt war. Was mit Fluoridzahnpasta und Waschmittel-Pods möglich ist, lässt sich nur erahnen.

In Eckernförde an der Lehrgruppe A, bekamen wir die ATN für den Torpedorohrsatz Mark 32 (Surface Vessel Torpedo Tubes), mit den Tiefwassertorpedos Mark 46 und Flachwassertorpedo DM4a1. Bei dem zweiwöchigen Torpedolehrgang lernten wir die Hauptwaffe der U-Jagd-Fregatte kennen. Jeder Lehrgangsteilnehmer musste den Rohrsatz in der zweiten Woche mit Luftdruck befüllen und einen „Torpedo-Luftschuss" durchführen. Bei dieser Übung wird der Druckbehälter mit 105 bar Pressluft gefüllt und danach sekundenschnell über ein Ventil verschossen. Unser Ausbilder demonstrierte an einem Schaumstoffball, welche Kräfte sich bei einem Schuss im Inneren des Rohres lösten. Der Übungstorpedorohrsatz befand sich in einer Lehrgangshalle und war nach außen auf eine freie Wiese gerichtet. In knapp 30 Meter Entfernung befand sich eine Straße, parallel zum Hafenbecken. Als der Ausbilder beim ersten Luftschuss den Schaumstoffball mit in das Torpedorohr legte, wurde der Ball draußen bis knapp vor die Straße geschleudert. Der Luftschuss erfolgte mit einem lauten Knall und wir alle waren von der ungeheuren Kraft beeindruckt. Jeder Lehrgangsteilnehmer musste nun eigenständig den Rohr-Satz mit Luftdruck füllen und einen Schuss durchführen. Das Befüllen der Druckkugel dauerte für jede Füllung sechs Minuten. Da die komprimierte einströmende Luft sich schnell erhitzte, durfte das Rohr nur sehr langsam gefüllt werden. Der halbe Tag zog sich zäh in die Länge und ein Teilnehmer nach dem anderen befüllte den Rohrsatz und verschoss die Luft im Anschluss wieder. Da der ganze Vorgang sehr zeitaufwendig war, unser Lehrgang aber sehr selbständig handelte, verließ uns der Ausbilder für ein paar Stunden und gab die Aufsicht den Unteroffizieren. Nachdem wir wiederholt „Luftschüsse" durchgeführt hatten, kamen wir auf dumme Ideen und erinnerten uns an den Schaumstoffball. Den Ball verschossen wir nun auch ein paar Mal auf die Wiese, bis uns auch dies ziemlich langweilig erschien. In einer Ecke entdeckte jemand von uns einen Leck-Abwehrpilz. Dieser gelbe Gummi-Pilz dient auf Schiffen dazu eindringendes Wasser zu stoppen. Er wird eingerollt durch das Leck geführt, breitet sich dort wieder aus, und durch den Wasserdruck, der gegen den Pilz drückt, wird das Leck im Idealfall abgedichtet. Den Leck-Abwehrpilz stopften wir in die Wand des Torpedorohres. Es passte vom Durchmesser erstaunlich gut. Vor dem Pilz legten wir wieder den Schaumstoffball, um zu testen, wie der Ball beschleunige. „Artilleristen halt …!" Nachdem der Druckbehälter erneut befüllt- und das Rohr präpariert war, kontrollierten wir noch schnell die Straße. Der Stützpunkt -Kommandeur war gerade mit dem Fahrrad an der Halle vorbeigefahren, als wir den Schuss lösten. Der Knall war ohrenbetäubend und als der Ball bereits über die Straße flog, machten wir uns schon Gedanken, ob dieser noch vor Erreichen des Hafenbeckens zum Stillstand kommt.

Es war reines Glück, dass der Ball nicht in die Förde flog. Unser Ausbilder hatte von all dem nichts mitbekommen und auch die Anlage nahm zum Glück keinen Schaden.

Im Rahmen des Sportunterrichtes hatten wir in Kappeln die Möglichkeit ein Rettungsschwimmerabzeichen abzulegen. Wir hatten uns alle als Ziel gesetzt, das DLRG-Silber-Abzeichen zu erreichen. Neben dem eigentlichen Schwimmen, Tauchen, Turmspringen, Unterwasserbefreiungen und der Wiederbelebung gehörte auch das eigentliche Rettungsschwimmen dazu. Die schwierigste Disziplin war hierbei der 50 Meter Transport einer bekleideten Person durch das Becken. Trotz intensiven Trainings war bei mir und meinem Kameraden Markus B. immer nach rund 40 Meter die Puste raus. Am Prüfungstag schoben wir uns beide heimlich Schwimmbretter unter die recht groß ausfallende olive Feldjacke, die zufällig seitlich am Beckenrand lagen. Der Schwimmmeister nahm uns die Prüfung nach 50 Metern ab. Wir versuchen beide ein angestrengtes Gesicht zu machen, hielten uns am Beckenrand fest und mussten das Lachen unterdrücken. Die Schwimmbretter ließen wir wieder heimlich aus der Jacke rutschen, als die nächsten Beiden geprüft wurden. Es war das erste Mal in meinem Leben, dass ich wirklich effektiv bei einer Prüfung geschummelt hatte. Dennoch waren wir nach dem Dienst häufig noch privat schwimmen und wurden richtige Wasserratten.

Unser Ausbilder für die Waffensysteme der Fregatten schulte unter anderem auch die Marine-Fliegerfaust „Stinger". Diese wurden vorrangig nur auf den Tendern und Versorgern zur Flugabwehr mitgeführt. Da wir zeitlich genau im Ausbildungsplan lagen, nahmen wir uns einen Nachmittag Zeit, um in den „Domtrainer" zu gehen. Die Trainingshalle war eine runde Halbkugel, in der ein Schießkino speziell für die Fliegerfaust eingerichtet war. Zunächst erklärte uns der Ausbilder die Funktionsweise der sehr einfach zu bedienenden „Terroristenwaffe". Wir übten zunächst einen „Mil Mi-24"-Helikopter hinter ein paar Hügel abzuschießen. Nachdem der 400 Hz-Ton in der Zielvisierung ertönte, wurde ein Vorhalt eingeplant und die Lenkwaffe abgefeuert. In dem Kino sah man jetzt einen verfolgenden Punkt auf das abfliegende Ziel zufliegen. Beim richtigen Handling ertönte ein Abschusssignal. Da wir nicht sonderlich geübt waren, schafften wir im nächsten Film nur noch den Learjet abzuschießen, der über ein Berggelände flog. In einer anderen Einstellung überflog ein Kampfjet schnell das Gelände. Nur ein einziges Mal schaffte ich es ihn eher zufällig abzuschießen. Den MM38 „Exocet"-Flugkörper, der im nächsten Film entlang eines Marinekonvois vorbeischoss, versuchten wir erst gar nicht mehr zu bekämpfen. Unser Ausbilder schaltete erneut ein anderes Video ein. Verblüfft schauten wir uns an.

Im Domtrainer waren Millionen von Galaxien zu sehen und wir hörten die Titelmusik von „Raumschiff Enterprise". Als das Raumschiff wie im originalen Serienvorspann direkt auf uns zugeschossen kam, beendeten wir lachend die Einweisung in die Fliegerfaust. Wir hatten einen schönen Sommer und einen ebenso schönen Herbst oben in Schleswig-Holstein.

Marineunteroffizierschule 5.Inspektion in Plön
mit Ausbildung zum Schiffssicherungstruppführer in Neustadt
(1.Quartal 1996)

Nach der fachlichen Unteroffiziersausbildung folgte im Frühjahr meine militärische Maaten-Ausbildung in Plön. Ich bereitete mich intensiv auf die erste Meldung in der Plöner Kaserne vor. Die Sportneigungsgruppe konnten wir uns vorab aussuchen. Wir klopften an der jeweiligen Tür und der stellvertretende Hörsaalleiter rief uns herein: „Hauptgefreiter Frerichs meldet sich mit Wirkung zum 01. Januar 1996 versetzt von der Marinewaffenschule B zur Unteroffiziersschule zum Dienst."

Die Meldung musste gleich beim ersten Mal ohne zu stottern sitzen, sonst flog man hochkant aus dem Büro und musste erneut anklopfen und vortreten.

Gleich am ersten Tag in Plön lernten wir Unteroffiziersanwärter uns in der Wohnstube kennen. Der Hauptgefreite Fl. fiel uns gleich durch seine besserwisserische Art auf. Sein O-Ton war: „Wenn ihr wissen wollt, wie ihr durch den Lehrgang kommt, fragt mich, ich bin hier der Härteste." Er hatte den dreimonatigen Unteroffizierslehrgang schon einmal mitgemacht und damals nicht bestanden. Nach dieser Aussage sahen Enrico K. und ich uns an. Ohne uns bis dato zu kennen und zu reden, dachten wir beide an das Gleiche. Wir werden in den nächsten Monaten schon herausfinden, was er wirklich draufhat. Enrico kam frisch von einem Minentaucher-Lehrgang. Bis an die Leistungsgrenzen zu gehen war für uns beide Gewohnheitssache. Wir waren die einzigen beiden Nichtraucher im Zug und hatten dadurch zu zweit eine riesige Stube. Zu Beginn gab es bei den Inspektionen die mögliche Vorauswahl der sportlichen Neigung. Zur Auswahl gab es Handball, Fußball und „Kleine Spiele / Schwimmen". Die meisten der Lehrgangsteilnehmer ahnten nicht, dass sich hinter dem so harmlosen Begriff „Kleine Spiele / Schwimmen" sehr viel Konditionstraining verbarg. So gelangten wir in die 5. Inspektion. Für Enrico und mich die beste Inspektion. Für den Hauptgefreiten Fl., dem „Härtesten" von allen, wohl eher weniger. Beim abschließenden Vorgesetzten-Training am Ende des Lehrgangs war der Hauptgefreite Fl. mit mir in einem sieben Mann-Trupp eingeteilt. Als ich die Gruppe mit einem simulierten Verletztentransport sechs Kilometer durch das Gelände führte, jammerte er nur noch. Zu erwähnen ist, dass er nicht mal der Verletzte war, obwohl wir ihm schon seinem Rucksack abgenommen hatten, den ein anderer Kamerad zusätzlich für ihn trug. Mir platzte irgendwann der Kragen und ich putzte ihn vor versammelter Mannschaft herunter. Ich erinnerte ihn an seine vorlaute Klappe am ersten Tag des Lehrgangs. Ich wollte keinen Ton mehr von ihm hören und befahl ihm gefälligst ohne Jammern weiter-zu-laufen. Es reichte tatsächlich zur Motivation ihn vorwärtszubewegen. Wir kamen sogar geschlossen als erstes Team im Ziel an.

Wer das VT überstanden hatte und auch im Notenquerschnitt gut lag, war praktisch fast Unteroffizier.

Innerhalb unseres Hörsaals hatten wir einen Heimschläfer. Der Kamerad vergaß wiederholt abends seinen Spind zu verschließen. Er wurde zwei-mal von den Ausbildern am Folgetag ermahnt. Nachdem er es zum dritten Mal vergessen hatte, versammelte sich unser Zug nach Dienstschluss im Zimmer des Soldaten. Sein gesamter Spind wurde ausgeräumt. Die Sachen stopften wir in eine Feldjacke und eine Hose. Wir legten die Puppe wie eine Person auf die Koje des Kameraden. Die ABC-Maske wurde zusammen mit dem Helm als Kopf um- modelliert. Am nächsten Morgen kam der Kamerad noch vor dem Wecken auf seine abgedunkelte Stube. Seine erste Reaktion war laut Aussagen seiner Zimmernachbarn: „Ey, was macht denn der Typ da in meiner Koje." Die Erziehungsmaßnahme hatte funktioniert, er vergaß nie wieder seinen Spind zu verschließen.

Unser Zug sollte das Ein-Stunden-Laufabzeichen ablegen. Bevor es losging, wurden Enrico und ich aus der Gruppe herausgeholt: „HG Frerichs, HG K. vortreten!"

Unser Hörsaalleiter Leutnant M. befahl uns auf die Kammer zu gehen und Zeugdienst zu verrichten. Auf unseren fragenden Blick antworte er, wir sollten in der nächsten Woche doch besser gleich das Zwei-Stunden-Laufabzeichen ablegen. Da wir jeden Abend nach Dienst mit Leutnant Stefan M. rund acht Kilometer liefen, war es für uns wirklich keine Herausforderung, eine Stunde zu laufen. Am Tag, als wir den Zweistundenlauf durchführten, hatten wir vormittags eine freiwillige Blutspende vom „Deutschen Roten Kreuz". In einem großen Saal lagen wir auf Pritschen, dicht an dicht nebeneinander. Während der Blutabnahme fiel ein Kamerad in Ohnmacht. Die Schwestern waren zu der Zeit gerade an anderen Stellen im Raum tätig und bekamen es erst verzögert mit. Wir nutzen die Situation und moderierten die Show laut im Saal: „Kamerad „XXX" kommt wieder zu sich!" „Er blickt auf seine Nadel im linken Arm und … fällt wieder in den Tiefschlaf!" „Erneut schafft Kamerad XXX es sich aus seinem Knockout zu erholen" … „Aber er erblickt wieder die Nadel in seinem Arm und … kippt auf die Bretter." Die beiden Schwestern kamen herangestürmt und warfen uns fürchterlich böse Blicke zu. Nach der Blutentnahme fragten wir eine Ärztin danach, ob wir heute noch Sport machen dürften. Sie verneinte dies vehement und empfahl uns einen Tag auszuruhen. Natürlich erzählten wir Ihr nichts vom bevorstehenden Zweistundenlauf, dem Sonderlauf mit dem Leutnant. Der restliche Hörsaal durfte Zeugdienst machen und sich ausruhen. Auch mit ein paar Litern weniger Blut kamen wir relativ entspannt in die Kaserne gejoggt. Da Stefan erkannte, dass wir immer noch nicht müde waren, liefen wir noch weitere acht Kilometer unserer alltäglichen Laufstrecke aber in seiner Geschwindigkeit. Als Marathon-Läufer machte es Stefan nichts aus. Wir kamen wiederum jetzt doch sehr an unsere Leistungsgrenzen.

Im ersten Quartal 1996 kam es in Plön für eine Woche zu einer Schneekatastrophe.

Die Schneewehen waren teilweise über einen Meter hoch und der Verkehr war zum Erliegen gekommen. Unser Leutnant nutzte das Schneechaos für einen Orientierungsmarsch. Wir bildeten Zweimannteams und mussten verschiedene Punkte im Gelände suchen und dazu gestellte Fragen beantworten. Die Teams bekamen von Leutnant M. die Karten und die Fragen ausgehändigt. Enrico und ich wurden als letztes auf den Weg geschickt. Normal hieß es beim Marsch: „Da wo kein Schnee liegt, kann gelaufen werden." Für uns war vorab klar, dass wir die Punkte alle im Dauerlauf absuchten. Da wo einmal Wege und markante Punkte waren, lagen Berge aus Schnee. Einige Wegpunkte mussten wir tatsächlich ausgraben oder vom Schnee befreien, um an die Lösungen zu kommen. Als wir alle Antworten zusammen hatten, kamen wir erst als viertes oder fünftes Team in die Inspektion zurück. Stefan M. grinste uns an und sagte nur kurz: „Ach, sind die Herren nun auch endlich wieder von ihrem Spaziergang zurück!" Wir waren ziemlich frustriert und verstanden nicht, wie es die anderen schaffen konnten, schneller zu sein.

Am Abend erzählte er uns dann beiläufig bei einer Tasse Tee, dass wir wohl versehentlich die doppelte Anzahl an Wegepunkte und Fragen auf unserer Liste stehen hatten.

Als wir etwas früher als geplant zur Inspektion zurückkamen, bat mich unser Hörsaalleiter Stefan M., bis zum Dienstschluss Sport mit dem Zug durchzuführen. Also demonstrierte ich unserem Zug welche verschiedenen Varianten von Liegestützen es gab. Ich spulte das komplette Kampfsport-Repertoire auf hartem Steinboden herunter und motivierte alle mitzumachen. Wirklich alle, natürlich auch den Leutnant. Er erzählte mir später, dass er es kurzfristig richtig bereut hatte, mir das Kommando gegeben zu haben. Aber er machte eisern mit. Selbst die Liegestütze auf dem nach außen zeigenden Handrücken. Das komplette Programm schafften die Wenigsten.

Während der Unteroffiziersausbildung hatten wir die Möglichkeit neben der Standardausbildung, zusätzlich noch das Leistungsabzeichen zu erringen. Unter anderem gab es den 30 Kilometer-Leistungsmarsch mit 12 Kilogramm Gepäck und fünf Stunden Zeitvorgabe. Diesen Marsch wollte ich zusammen mit meinem Stubenkameraden Enrico K. und unserem Hörsaalleiter Stefan M. bewältigen. Stefan hatte über die Fahrbereitschaft einen Bus bestellt, der uns zu unserem weit entfernten Startpunkt der Strecke bringen sollte. Wir warteten zusammen mit einem anderen Hörsaal vor der 5.Inspektion. Ein Großraumbus mit 50 Plätzen kam vorgefahren und der andere Hörsaal stieg umgehend in den Bus. Der andere Hörsaalleiter unterhielt sich noch mit Stefan M., als der Busfahrer aufgeregt zu uns kam. Auf seiner Beförderungs-Liste habe er nur 3 Soldaten und nicht einen kompletten Zug! Enrico und ich konnten uns ein Grinsen nicht verkneifen, als der gesamte Zug wieder aus dem Bus ausstieg und wir schweigend die Plätze wechselten. Beim eigentlichen Leistungsmarsch machte Stefan noch einen Umweg im Gelände und wir liefen neben den 30 Kilometer noch zusätzliche 6 Kilometer. Knapp dreißig Jahre später, ist es immer noch ein Geheimnis, ob es ein Versehen oder ein Upgrade der geplanten Ausbildung war. Taktische Reichweitenverlängerung. Ein Offizier verläuft sich nicht. Damals lernten wir die Schubkraft eines weißen Schokoriegels lieben. Wir lagen innerhalb der vorgeschriebenen Zeit und erhielten das Abzeichen anerkannt.

Nach der heißen Dusche saßen wir auf dem Schreibtischstuhl und hatten unsere Beine auf dem Heizkörper liegen. Stefan kam auf die Stube, als wäre er gar nicht mitgelaufen: „So Männer, in einer halben Stunde fertig machen zum Pizza essen in Plön." Ich bekam die Beine schon nicht mehr ohne Hilfe meiner Hände von der Heizung. Auch Enrico war körperlich müde. Eine halbe Stunde später gingen wir tatsächlich in die Stadt zum Italiener.

An einem Wochenende hatte unser Hörsaal Wachdienst an der Hauptwache. Bei der Flaggenparade stand ich mit Enrico K. Waffenspalier. Der gesamte Ablauf war streng formal in jedem einzelnen Schritt festgelegt. Jeder hatte seine Aufgabe, alle waren hochkonzentriert und ernst. Als die Flagge niedergeholt werden sollte, pfiff der WaD ausdauernd in seine Bootsmannsmaatenpfeife. Ein Gefreiter löste das Flaggenseil von der Arretierung des Flaggenmastes. Normalerweise wird die Flagge nun langsam durch den Gefreiten niedergeholt und alle Blicke folgen der deutschen Fahne. Aber nun glitt völlig unerwartet, in nur einer Sekunde, das vereiste Flaggenseil durch die Handschuhe des Gefreiten. Die deutsche Fahne sauste hernieder, unsere Augen folgte der Flagge und sie landete unten im Dreck. Die Pfeife unterbrach schlagartig ihr Signal. Wir konnten uns in der Stille ein hörbares Prusten nicht verkneifen. Wäre der WaD damals nicht so laut schreiend ausgeflippt, hätten wir uns sicher alle vor Lachen auf dem Boden befunden.

Während der Wochenendwache hatten Enrico und ich frühmorgens Wachdienst. Wir patrouillierten drei Stunden um die Kaserne und freuten uns auf das Frühstück. Leider wurde versäumt, uns nachträglich in der Kantine anzumelden. Wir erhielten kein Essen. Nach dem erneuten Wachturm waren wir wieder die Letzten, die zum Mittagessen kamen. Uns ging es vor Hunger richtig schlecht und unsere Laune war mehr als im Keller, aber wir beschwerten uns nicht. Zu Enrico sagte ich noch, egal was es gleich gibt, ich nehme die doppelte Ration. Auf dem Speiseplan stand Labskaus. Oh nein, ausgerechnet heute gab es Labskaus. Die Köchin erkannte augenblicklich meinen Zustand und sagte: „Ich habe hier noch sechs Eier!" - „Hauen sie bitte alles rein, was Sie da haben." Der Hunger trieb es rein und nur an diesem Tag schmeckte es mir sogar richtig gut.

In Neustadt wurden wir im Rahmen des Unteroffizierslehrgangs zum Schiffssicherungs-Truppführer ausgebildet. Die einwöchige Sonderausbildung bestand aus Übungen zur Brandbekämpfung, der Stressbelastung unter Atemschutz und dem Umgang mit Rettungsmitteln. Zum Ende der Ausbildung mussten wir unter realen Bedingungen einen Brand im inneren der Hulk, der alten Fregatte „Köln", löschen. Dazu wurde vom Ausbilder eine Benzinwanne entzündet, die mit einem C-Schlauch und Wasser gelöscht werden sollte.

Der Ausbilder erklärte uns vorher genau wie wir vorzugehen hatten. Ein Zweimannteam ging mit einem Seewasser-Feuerlöschschlauch den Niedergang runter und erstickte die Flammen mit der Mannschutzbrause in einer Wasserglocke. Der Ausbilder erklärte, dass wir besonders auf die Mannschutzbrause zum Eigenschutz achten müssen. Dazu wurde der Hebel des Mehrzweckstrahlrohres nach hinten gezogen.

Enrico und ich bereiteten uns als zweites Team vor und wir warteten schon in voller Leder-Schutzmontur im oberen Deck vor dem Niedergang auf unseren Einsatz. Auf einmal gab es eine Verpuffung und das Schott, hinter dem der Brandangriffstrupp im unteren Deck agierte, sprang mit einem lauten Knall auf. Ein fauchender Feuerball lief über uns hinweg und suchte sich den Weg bis zum Außenschott, das ebenfalls aufsprang.

Enrico und ich schauten uns entsetzt an. Unten brüllte der Ausbilder. Die beiden „Spezialisten" kamen nach einiger Zeit peinlich berührt zu uns nach oben. Was war passiert? Der erste Mann am Feuer hatte in der Aufregung versehentlich den Hebel des Mehrzweckstrahlrohres nach vorne gerissen. Statt der erwünschten Mannschutzbrause schoss er einen Vollstrahl Wasser in die Benzinwanne und es kam schlagartig zu der Verpuffung im Deck.

Relativ entspannt ging es zunächst in der Wellensimulationsanlage zu. Wir sprangen mit ausgelöster Rettungsweste in das warme aufgewühlte Wellenbad. Von hier aus mussten wir die treibende Rettungsinsel aufentern und darin 20 Minuten ausharren.

Das Geschaukel mit der verbrauchten Luft war schnell unangenehm und wir waren froh, dass alle von uns seefest waren. Hätte sich nur einer in der Insel übergeben, hätten wir darin vermutlich eine Riesensauerei angerichtet. Um uns abzulenken, sangen wir das Lied „Eine Insel mit zwei Bergen". Mit „Jim Knopf" war jeder groß geworden.

Später an Bord der Fregatte waren wir Artilleristen als Sprengkommando für eine Evakuierung des Schiffes vorgesehen. Das sicherte uns in der Theorie die letzte Rettungsinsel mit dem Kommandanten an Bord. Im Kriegsfall hätten wir kurz vor dem Verlassen des Schiffes, Zeitzünder erhalten und sie in vorinstallierte Sprengpäckchen eingesetzt. Die Detonation wäre dann nach wenigen Minuten Zeitverzögerung erfolgt und das Schiff wäre zur Seite abgerollt und in den Fluten versunken. Bis dahin hätten wir zumindest in der Theorie die letzte Insel besetzt und hoffentlich die Fregatte verlassen.

Marineunteroffizierschule Plön Vorgesetztentraining (1. Quartal 1996)

Als wir bereits über 50 Kilometer in zwei Tagen gelaufen waren, war unser Vorgesetztentraining beinahe beendet. Unser Trupp aus sieben Mann, war von der gesamten 5. Inspektion das schnellste Team. Wir erreichten die Kaserne und rechneten eigentlich immer damit, das VT beendet zu haben. Doch erst jetzt begann die eigentliche Zermürbungstaktik der Ausbilder. Erneut wurden wir zur ein Kilometer entfernten Pionierkaserne zurückgeschickt, um einen weiteren Auftrag zu erledigen. Unterwegs kamen uns die anderen Teams entgegen und wir riefen ihnen zu: „Wir sind die Ersten und ihr dürft auch gleich nochmal raus." Jedes Mal, wenn wir zurück zur MUS liefen, motivierte es uns gleich duschen zu können und die übelriechende Uniform loszuwerden. Doch wir wurden noch insgesamt fünfmal mit Aufgaben zurück zur Pio-Kaserne geschickt.

Die Motivation der nachfolgenden Soldaten sank von Begegnung zu Begegnung, als sie uns immer wieder entgegenkommen sahen. Auf dem Weg begegneten wir immer mehr Teams, die laut fluchten, als sie uns wiedersahen. Am Ende der beiden Tage sind wir insgesamt 62 Kilometer gelaufen. Wir hatten nachts nur drei Stunden in der Pionierkaserne in einem offenen Gebäude für Häuserkampf geschlafen. Die Temperaturen waren durchgängig im Minusbereich. Unsere Schlafsäcke lagen dicht an dicht nebeneinander, um keine Wärme zu verlieren. Innerhalb weniger Minuten schliefen alle oder besser gesagt, wir ruhten. Ein Soldat schläft ja nie. In der Nacht musste ein Soldat aus einem Kofferraum drei zerlegte Waffen wieder zusammensetzen. Die Einzelteile lagen wild durcheinandergewürfelt. Als Ari war es klar, dass es schnell meine Aufgabe wurde. Die Ausbildung mit dem Stiefelbeutel auf der „Köln" zahlte sich jetzt aus. Wir schleppten Munitionskisten einen steilen Abhang hinauf und rutschen ein paar Meter vor dem Ziel rückwärts den vereisten Berg wieder hinab. Die Emotionen fielen unterschiedlich aus. Ich lachte darüber, mein begleitender Kamerad fing beinahe an zu heulen. Wir wurden Unteroffiziere.

Nachträglich möchte ich betonen, dass unser gutes Verhältnis zum Hörsaalleiter und die vereinbarte informelle Anrede außer Dienst das militärische Verhältnis zu keiner Zeit beeinträchtigt haben und wir bis heute nichts davon bereuen.

Dienstzeit als Unteroffizier auf der Fregatte „Köln"
(01.04.1996 – 30.06.1998)

Nach der bestandenen Maaten Ausbildung holte mich mein alter Artilleriewaffenmeister Ewald (Eddi) F., mit guten Verbindungen zur SDM, zurück auf die Fregatte „Köln". Auch Alexander P. mit dem ich bereits als
Mannschaftsdienstgrad fuhr, kam zurück auf die „Köln". Unser altes
kampfstarkes Team war wieder zusammen.

Besuch beim Irish Naval Service (1.Quartal 1996)

Nach einem längeren Werftaufenthalt im Marinearsenal Wilhelmshaven im
Frühjahr, ging unsere nächste Seereise dann im Sommer nach Cork in
Irland. Die irische Marine feierte ihren 50-jährigen Geburtstag und wir
wurden zu einem großen Hafenfest eingeladen. Schiffe aus Kanada, den
USA, Großbritannien, Schweden und den Niederlanden waren eingeladen. Die Besatzungen feierten ausgiebig zusammen. Für die Briten galt
aufgrund von Anschlagswarnungen der IRA, eine erhöhte Sicherheitsstu-
fe. Am ersten Tag durften wir nur in ziviler Kleidung von Bord. Nach ein
paar Tagen revidierten die Iren die Warnungen. Wir gingen in Ausgehuniform von Bord, um in den Pubs zu feiern. Die Hockeymannschaft von Cork
hatte ein wichtiges Spiel gewonnen und alle Einwohner waren gut gelaunt
und feierten auf den Straßen. Hockey war für viele Bewohner von Cork ihr
Lieblingssport. Auf der Straße begegneten wir ein paar Iren, die uns gut
gelaunt in ein Hotel zu einem kühlen Guinness einluden. Sie fragten mich
nach meiner Funktion an Bord der Fregatte. Ich erzählte ihnen, dass ich
Waffentechniker bin und sie zeigten sich sehr interessiert. Nebenbei erwähnte ich, dass wir in einer Woche Plymouth in Südengland zu einem
Kurzbesuch anlaufen würden. Ein Ire sagte plötzlich zu mir: „Wenn Du da
bist, schieß mir bitte mit deiner 76 Millimeter Kanone eine Salve quer über
die Stadt." Ich sollte es nur für ihn tun und er bestellte noch mehr „Gui-
ness". Augenzwinkernd versprach ich ihm den Gefallen. Mir war bewusst,

dass die Iren die Engländer aufgrund der jüngsten Vergangenheit in Nord-
irland mit Argwohn behandelten. Bei einem weiteren Bier fielen mir dann
die Tätowierungen meines Gastgebers auf. Zu lesen waren verschiedene
IRA-Parolen von Sinn Féin. Mein Gegenüber war ein Sympathisant der
Irisch-Republikanischen Armee, wenn nicht gar schlimmeres. Am 09.
Februar 1996 explodierte in den Londoner Docklands eine Bombe, die
zwei Menschen tötete. Die IRA beendete damit den Waffenstillstand von
1994. Der größte Bombenanschlag erfolgte im Sommer 1996 bei der Fußball-Europameisterschaft in der Innenstadt von Manchester. Erst mit dem
Karfreitagsabkommen von 1998 wurde der Bürgerkrieg beendet und die
paramilitärischen Gruppen entwaffnet. Im Nachhinein ist es vielleicht gut,
nicht zuviel über diese Begegnung zu wissen. Wir gingen alle später noch
in eine Disco, um den Abend ausklingen zu lassen. Feiern können sie, die
Iren.

Während des Hafenaufenthaltes in Cork luden wir einen 11er Gast in die
Unteroffiziersmesse ein. Nach einigen „Bacardi" nervte uns aber der
Hauptgefreite mit flachen Sprüchen. Wir überlegten uns, wie wir ihn wieder
loswerden konnten, ohne ihn vor den Kopf zu stoßen. Obermaat „Isabella
B." war hinter der Bar, um die Longdrinks zu mixen. Da der 11er mit seiner
unglaublichen Trinkfestigkeit angab, überredeten wir ihn schnell mit uns
den „Bacardi" pur zu trinken. Es dauerte nicht lange und schon standen
ein paar Gläser mit klarer Flüssigkeit auf der Back. Isabella hatte zwischenzeitlich einen Wink erhalten, bei unseren Longdrinks den Inhalt zu

verwechseln. In einem der Gläser war „Bacardi" in den anderen Gläsern bloß Zitronenlimonade. Die Runde wurde eröffnet und nach einigen Minuten hatte jeder sein Glas geleert. Der Unterschied bestand darin, dass nur einer weißen „Bacardi" trank und die restliche gesellige Runde Zitronenlimonade. Er hielt sich nach einem Glas noch tapfer auf den Beinen. Doch bereits nach dem zweiten Glas Rum kippte er rückwärts vom Stuhl. Wir Unteroffiziere halfen ihn in sein Deck zu tragen. Am nächsten Morgen hörten wir vom wütenden Decksbullen der Bootsmannsgruppe, dass der Kamerad in der Nacht das ganze Deck beschmutzt hatte. Selbst schuld, wenn man keinen „Bacardi" verträgt, war unsere Antwort. Im Nachhinein betrachtet entschieden sich einige Kameraden mit dem Alkohol kürzer zu treten. Es gab in den Messen diejenigen, die es immer übertrieben und ein paar die immer öfters frühzeitig ausstiegen. Ich war einer von Ihnen. Gewiss musste man sich manchmal auch anhören eine Spaßbremse zu sein, aber wir erkannten, dass der Alkohol bei einigen älteren PUO's deutliche Spuren hinterließ. So wollte ich nicht enden und darum entschied ich immer frühzeitiger selbst, wo meine Grenze lag.

In Cork besuchte eine Irin beim Open-Ship die Fregatte „Köln". Möglicherweise liefen wir uns sogar dort schon über den Weg.
Ein paar Wochen später reiste ich im Urlaub mit dem Rucksack durch Süd-Ost-Asien und traf sie am Bahnhof von Yogyakarta wieder. Auf der anderen Seite der Erdkugel 12.600 km entfernt. Klein ist die Welt.

Norwegen (1. Quartal 1996)

Nach einem Kurzbesuch in England, fuhren wir noch nach Norwegen. Der Artillerie-Waffenmeister Ewald F. der Fregatte „Köln" war seit langer Zeit Hauptbootsmann und erwartete seit langem seine nächste Beförderung. Unser Waffen-technischer Offizier Uwe D. informierte uns Artilleristen, dass der AWM mit Wirkung des nächsten Tages zum Stabsbootsmann befördert werden sollte. Aus diesem Grund planten wir, den AWM um Mitternacht mit einem „Goldhammer"-Übungsschießen mit dem 76 Millimeter Geschütz aufzuwecken. Kurz vor zwölf waren wir komplett in Gefechtsmontur in der Umladekammer. Die Waffe war bereits mit ein paar Schuss Übungsmunition beladen und alle warteten auf den Befehl unseres Kommandanten Tom Miller. Pünktlich um Mitternacht kam die Durchsage: „Goldhammer, Goldhammer, Schussrichtung XXX, Waffe mit 10 Schuss DM-228 beladen." Noch bevor der AWM aus der Koje gestiegen war, hatten wir die Munition bereits gefechtsbereit gefördert. Nach fünf weiteren Sekunden erfolgte die Feuerbereitschaft. Noch bevor der AWM im Pyjama aus seiner Kammer rannte, fielen bereits dumpf hörbar die zehn Schüsse aus der „OTO Melara". Der AWM erreichte fassungslos und schweißgebadet, im Schlafanzug die Umladekammer. Tom Miller gratulierte ihm und übereichte die Beförderung zum Stabsbootsmann. Der Sekt zur Beförderung ploppte auf. Die Party endete wieder mal frühmorgens in der PUO-Messe.

Auf dem Weg nach Norwegen, in dänischen Gewässern- führten wir ein 20 Millimeter Schießen durch. Wir feuerten mehre Salven auf vorher ausgeworfene Leckabwehrbalken mit daran befestigten roten Heliumballons. Plötzlich schrie der Kommandant aus der Steuerbordnock: „Feuer sofort einstellen!" Kurz darauf fuhr ein dänischer Fischkutter, wie ein Kamikaze, aus dem Nebel direkt zu unseren Zielballonen. Er dachte, wir zerschießen seine roten Bojen, an die er seine Reusen oder Netze gebunden hatte, aber die waren tatsächlich noch sehr viel weiter entfernt.

In Stavanger / Ulsnes lagen wir nur für zwei Tage im Hafen. Direkt nach dem Anlegen fuhr ein LKW an unser Schiff heran. Er war vollgeladen mit bestem norwegischem Lachs. Das Kilo für nicht einmal 10 Deutsche Mark. Für den Preis kauften wir ihm einen Großteil der Ladung ab. Auf dem Flugdeck grillten wir einen Teil des Fisches und der andere Teil wanderte zum Provi in die Kühllast. Der gegrillte Lachs schmeckte vorzüglich, aber wir schlugen uns die Bäuche so voll, dass uns vom Eiweiß ziemlich schlecht wurde.

An meinem wachfreien Tag ging ich mit Alexander P. laufen. Wir waren noch gar nicht weit unterwegs, als Alex auf einen merkwürdigen Stein mit einem Ast aufmerksam wurde.

Das schauten wir uns näher an und erkannten getarnte 100 Millimeter Geschütze, MG-Stände, Schützengräben und gut versteckte Befestigungen. Aus welcher Zeit die Geschütze stammten, konnten wir damals nicht zuordnen.

Auf dem Weg nach Bergen fuhren wir durch einen Fjord. Wir sonnten uns auf dem Flugdeck und machten Scherze. Als wir das Hangar-Tor hochfuhren, wurden alle Sonnenanbeter mit einem Wasserschlauch nassgespritzt.

In der norwegischen Stadt Bergen ging ich mit unserem Ari Gasten Alex B. in gemütliche Kneipen und eine Disco. Wir lernten drei Norwegerinnen kennen und hatten einen großartigen Abend. Unn Elin war ebenfalls einmal Sanitäterin auf einer norwegischen Korvette. Da ich am nächsten Morgen, also ein paar Stunden später, Wache hatte, lud ich sie zu einer Schiffsbesichtigung ein. Die drei norwegischen Damen kamen wie vereinbart nachmittags zu Besuch. Unn Elin trug einen sehr knappen Leder-Minirock. Die an Bord befindlichen Soldaten standen an jedem Nieder-gang, um einem Blick auf ihre langen Beine zu erhaschen. Ich glaube, sie machte sich extra einen Scherz daraus, alle Kameraden anzuheizen. Ich verzichtete darauf, die Mädels außen die „Eiger Nordwand" erklimmen zu lassen. Unsere fünf Meter hohe Außenleiter, rauf vom Harpoon-Deck zum Signaldeck. Es hätte die Besatzung unten ins Stillgestanden gebracht oder zum Herzstillstand.

Am darauffolgenden Tag zeigte mir Unn Elin sehr viele Sehenswürdigkei-ten in Bergen. Wir bedankten uns mit einem chinesischen Abendessen mit allen vier Mädels und hatten sehr viel Spaß im Restaurant. Ein paar Jahre schrieben wir uns noch Briefe.

Marinewaffenschule B Kappeln (1. Quartal 1996)

Nach der Norwegen-Tour zurück in Deutschland, stellte dann irgendjemand fest, dass wir für das 20 Millimeter Geschütz noch keine ATN der Waffenschule hatten. Alexander P. und ich hatten das 20 Millimeter Geschütz während unserer Einsätze in der Adria schon bis ins kleinste Detail kennengelernt. Wir amüsierten uns darüber, was man uns denn dort noch Neues an der Waffe zeigen könne. Da jeder Soldat in der Marine für seine Tätigkeit eine so genannte ATN (Ausbildungs- und Tätigkeitsnummer) / heute TIV nachweisen muss, wurden wir nachträglich wieder für eine Woche nach Kappeln zur Waffenschule geschickt. Für Alex und mich war der Lehrgang nur eine trockene Theorieauffrischung aus dem Handbuch. Unser erster NATO-Einsatz in die Adria unter reeller Bedrohung ließ uns bereits alles Notwendige über diese Waffe wissen. Der Ausbilder, ein junger Bootsmann, war noch deutlich unsicher im Umgang mit der 20 Millimeter. Er hatte keine praktische Borderfahrung mit dieser Waffe. Er gab es vorher aber auch offen zu, was ihn dadurch wiederum sympathisch machte. Schließlich passierte, was eigentlich draußen immer passierte. Beim Spannen des Verschlusses knallte es und der Kettenspanhebel verlor seine Funktion. Die Lehrgangsteilnehmer sahen sich fragend an und auch der Ausbilder hatte keine Ahnung was passiert war. Alex und ich sagten zeitgleich im Chor: „Das war die Kette!"

Der Ausbilder kam deutlich ins Schwitzen und sagte fast fragend: „Und jetzt rufen wir das Marinearsenal?!?" Alex und ich zeigten den Teilnehmern die notwendige längerdauernde und aufwendige Reparatur. Wir bekräftigten, dass dieses Szenario jeder Lehrgangsteilnehmer auf See immer wieder erleben würde und dass sie die Reparatur selbst ausführen müssen. Auch wenn es vielleicht im Lehrbuch stand, das Marinearsenal wurde dafür nicht extra eingeflogen. Die 20mm -Waffe war für die See einfach viel zu störungsempfindlich und unserer Ansicht nach nur eine Besatzungsberuhigung.

Marinestützpunkt Wilhelmshaven (2. Quartal 1996)

Im zweiten Quartal 96 kam mein guter Freund Mike S. aus der Grundausbildung nach Wilhelmshaven. Sein Schnellboot lag in der Werft und wir verbrachten viel Zeit nach Dienstschluss miteinander. Meine damalige Freundin hatte ebenfalls eine gute Freundin und schon verkuppelten wir die beiden miteinander. Es war ein schöner Sommer. Als am Strand zwei betrunkene Kerle Ärger suchten, kamen sie auch zu unserer Vierergruppe. Mike schätzten sie vom Aussehen mit Glatze und Vollbart wieder mal als potenziell gefährlicher ein und ich deeskalierte mit Worten ihr aggressives Verhalten, ohne unsere Mädels in Gefahr zu bringen. Der Wortführer hatte einen gebrochenen Arm, ich war barfuß und aktuell immer noch im Selbstverteidigungstraining. Als sie sich verzogen hatten, meinte Mike nur lachend zu mir. „Und der Typ weiß jetzt noch nicht einmal, dass er gerade den größten Arschtritt seines Lebens verpasst hat." Kämpfen können, um nicht kämpfen zu müssen, ist die beste Form der Selbstverteidigung.

Zum Dienstende an einem Sommertag, kam es auf der Fregatte „Köln" zu einem größeren Feuer. Einer der neueren Gasten war im Brandangriffstrupp eingeteilt und als erstes am Brandort. Der Obergefreite Jan F. hatte mehrfach bei Übungen als WT-Maat verrissen und wir machten uns etwas Sorgen, ob dieses Mal alles gut ging. Freiwillig half ich an Oberdeck den Schornsteinbereich mit einem C-Schlauch zu kühlen. Wir alle hofften auf ein schnelles Ende ohne Verletzte unter Deck. Beim echten Feuer machte Jan diesmal aber auf Anhieb alles richtig und war unser gefeierter Held des Tages. Es dauerte dennoch mehrere Stunden mit Unterstützung der Berufsfeuerwehr, das Feuer endgültig zu löschen.

Basic Operational Sea Training BOST Plymouth Süd-England
(2. Quartal 1996)

Unseren Sommer verbrachten wir für sechs Wochen im milden britischen Plymouth. Von Plymouth aus stach Sir Francis Drake in See, um die spanische Armada zu besiegen. Und auch die „Mayflower" mit den „Pilgervätern" setze von hier aus die Segel nach Amerika. James Cook fuhr mit der Endeavour von Plymouth nach Australien und kartierte die Südhalbkugel. So schön das südliche England auch ist, für die Besatzung der „Köln" war es in erster Linie harte Arbeit.

Das „Basic Operational Sea Training" der Engländer führte die Mannschaft an alle extremen Gefechtsbedingungen heran, die es auf einem Marineschiff geben kann. Die Briten hatten im Falklandkrieg einige Schiffe verloren, aber daraus auch eine Menge gelernt. Es galt das Schiff auch mit schlimmen Trefferszenarien weitgehend gefechtsbereit zu halten. Ziel war es nachzuweisen, dass wir das gesamte Anforderungsprofil einer Fregatte beherrschten. Die drei klassischen „Warfare Areas" bestehen aus der Überseekriegsführung, der Unterwasserseekriegsführung und der Luftkriegsführung. Unser Motto war „Niemals aufgeben", bis wir die Auszeichnung „Combat Ready" erhielten. Ein paar Tage bevor wir in Plymouth unser „Basic Operational Sea Training" aufnahmen, gewann Deutschland im Halbfinale der Fußball-Europameisterschaft gegen England. Im Finale besiegte Deutschland dann im heiligen Wembley-Stadion Tschechien. Es versteht sich wohl ganz von allein, dass wir sechs Wochen lang in jedem Pub bei den Engländern sehr beliebt waren. Es gab etliche Schlägereien zwischen den Einheimischen und den „Köln"-Fahrern. Erst unterhielt ich mich nett mit einer Britin, dann kippte sie mir ihren Drink ins Gesicht. Ich blieb ruhig, schüttelte nur den Kopf und sah sie fragend an. Sofort durchschaute ich, dass die männliche Begleitung neben ihr eine Schlägerei anzetteln wollte und die Dame lief rot an. Seine Hoffnung, dass ich aggressiv auf sie reagierte und er sie dann verteidigen konnte ging nicht auf. Meine mental ruhige, aber im Notfall zu allem entschlossene Ausstrahlung hielt ihn davon ab, mich anzugreifen. Meine Kameraden hatten alles mitbekommen und wir verließen ohne Stress, ganz entspannt den Pub, ohne ihn einzuorden.

Am ersten Tag der sechswöchigen BOST-Ausbildung sollten wir den englischen Ausbildern, den „Searidern" unseren aktuellen Zustand der Waffen präsentieren. Die rund 25 Searider waren erfahrene Seeleute mit spezialisierten Aufgabenbereichen.

Zusammen mit meinem Hauptgefreiten Mike B. war ich an den 20 Millimeter Geschützen für die „First Inspection" eingeteilt. Nachdem wir dem Searider das Backbord-Geschütz präsentiert hatten, riss uns beim Steuerbord-Geschütz die Verschlusskette. Das hatten wir doch gerade erst in der Waffenschule. Da wir nur noch eine Stunde Zeit hatten, bevor das Funktionsschiessen starten sollte, waren wir jetzt sehr unter Zeitdruck. Für das Wechseln der Kette benötigt man sehr viel Konzentration und Teamwork. Anderenfalls sprang eine vorgespannte Verschlussfeder jedes Mal wieder aus ihrer Position. In der Brücke wurden der WTO und der AWM schon unruhig und sie liefen in der Steuerbordnock hin und her. Würde das Funktionsschiessen einer Waffe ausfallen, hätten wir gleich zu Beginn eine schlechte Beurteilung, einen Bello (below standard) bekommen. Ich beruhigte meinen zitternden Gasten, wir setzten uns auf und hinter die Waffe und wechselten seelenruhig die Kette. Da um uns herum alle nervös wirkten, sagte ich zu Mike: „Schau zu mir, stell dir vor, uns schaut hier niemand zu und wir haben alle Zeit der Welt." Fünf Minuten vor dem eigentlichen Schießen prüften wir die Funktion der Waffe. Der Verschluss ließ sich spannen, verriegeln und auslösen. Die Kette hielt. Obermaat P. hatte parallel die DM-98-Munition nach oben geholt. Noch mit verölten

Fingern führten wir das Funktionsschießen durch. Es lief an beiden Waffen reibungslos. Der Searider gab uns eine 2 für die Präsentation der Waffen. Eine 2 für das Funktionsschießen. Und dazu noch eine Extra 2 für die schnelle und ruhige Reparatur der Waffe. Kein schlechter Einstieg und wir merkten, dass es half, mit dem Ausbilder ein wenig Englisch zu sprechen und zu kooperieren.

Während der England-Tour hatte unser Kamerad Obermaat M. aus unserem Deck 3P2 („Hotel Schraube") Geburtstag. Seinen Geburtstag feierten wir mit reichlich „Canadian Club" (kanadischer Whiskey). Die Feier artete aus, als sich in unserem kleinen neun Mann-Deck insgesamt 27 Kameraden befanden. Wir saßen in den Böcken, unter und auf dem Schreibtisch und auf dem Boden. Es war bereits ein Offizier anwesend (WLO Alfred), als plötzlich unser Kommandant Tom Miller hereinkam. Wir alle dachten: „Mist, jetzt gibt's richtig Ärger." Er ging direkt zur HiFi-Anlage und wir dachten: „Na toll, jetzt dreht er uns die Musik ab." Doch das Gegenteil passierte. Er drehte die Musik noch lauter und rief: „Wo bleibt mein Bacardi!"

Meine Gefechtsstation während des BOST war die Steuerbord-Düppelkammer. Im Ernstfall sollten von dieser Stelle aus die SRBOC (Super Rapid Blooming Offboard Chaff) nachgeladen werden, um anfliegende Flugkörper durch Täuschkörper abzulenken. Entweder durch „Flair", das sind Hitzekörper oder durch eine Radartäuschung mit Aluminiumstreifen. Anfliegende Anti-Schiffsflugkörper suchten grundsätzlich über thermische oder radargesteuerte Modi ihr Ziel. Während des Trainings (Weekly War, an jedem Donnerstag) klopfte ein Searider unangemeldet an die Tür, um uns zu signalisieren, sofort mit der Beladeübung zu beginnen. Unsere Aufgabe bestand darin, draußen den sechsfach SRBOC-Werfer zu sichern, neu aufzumunitionieren und den Werfer wieder scharf zu schalten. Parallel dazu musste ich über zwei verschiedene Kopfhörer Funkkontakt zum Rechnerraum und zur ELO-Werkstatt halten. Die Kommunikation in beide Richtungen war nicht ausgereift und durchdacht. Ich trug einen „Calimero"- einen übergroßen Helm, der es erlaubte, darunter einen Kopfhörer (BÜ) zu tragen. Es stand mir ein Versorgungs-Gast zur Verfügung, der zu Beginn der Tour leider ziemlich langsam arbeitete. Die Zeitvorgabe für die Beladeübung war, unter 50 Sekunden zu kommen. Zu Beginn schafften wir es tatsächlich nicht einmal unter 90 Sekunden zu beladen. Je öfter wir es trainierten, merkte ich, dass ich es mit dem einzelnen Gast niemals in der geforderten Zeit schaffen würde. Ich beantragte bei meinem WTO mir einen weiteren Gasten aus anderen abkömmlichen Abteilungen abzustellen. Ich bekam daraufhin einen Marinesicherer (76er) der zuvor oben mit an dem 20 Millimeter Geschütz eingeteilt war. Schnell machte ich ihn mit dem Beladedrill bekannt. Mit größerer Unterstützung schafften wir nun Zeiten von knapp über einer Minute. Dies war aber immer noch längst nicht schnell genug und ich überlegte weitere Lösungen. Aus einer alten Alu-Blech-Tür baute ich zusammen mit unseren Elektrikern eine Box für einen Wandlautsprecher mit Freisprech-Mikrophon. Zumindest jetzt brauchte ich nicht immer den Kopfhörer wechseln und hörte beide Stellen. Ab jetzt konnte ich frei im Raum sprechen und parallel die Hände frei bewegen. Zusätzlich baute ich mir eine Abreißverbindung für den zweiten Kopfhörer, um selbst kurzzeitig nach draußen laufen zu können. In unserem „drei Mann Team", hatte bei der Beladung jeder seine definierte Aufgabe. Sobald der Searider zur Übung an unserem Schott klopfte, öffnete der erste Mann die Tür und lief zum Werfer, um diesen zu sichern. Der zweite Mann und ich öffneten sechs Packgefäße mit Düppel von je 28 Kilogramm Gewicht. Als der erste Mann im Raum zurück war, bekam er sofort den ersten Düppel aus dem Rack in die Hand gereicht. Der zweite Mann lief mit dem zweiten Düppel los. Ich zog in der Zeit alle restlichen Düppel zur Hälfte aus den Packgefäßen und drückte dem jeweiligen zurückkommenden Mann einen neuen Düppel in die Hand. Für die Beladung des fünften Düppel trennte ich kurzzeitig die Funkverbindung und lief selbst zum Werfer. Der erste Mann beförderte den sechsten letzten Düppel ins Rohr.

Der zweite Mann entsicherte den Werfer und schloss die Tür zur Düppel-kammer. Nach dieser Vorgehensweise reduzierten wir unsere Zeit auf unter 50 Sekunden. Der Searider war mehr als begeistert.

Am 20.07.1996 fuhren wir mit einem Bus bis zur Süd-West-Spitze Eng-lands. Das Datum erwähne ich nicht ohne Grund so deutlich. Es ging durch das grüne Cornwall, bis zum südlichsten Punkt namens „Landsend". Wie auf jeder Reise machte ich einige Fotos von der schönen Landschaft. Ich lief mit Obermaat K. und Obermaat A. zu den Steilklippen und drückte ihnen meine Kamera in die Hand, damit sie ein Erinnerungsfoto von mir machen. Die Steilküste fiel hinter mir 30 Meter ab und die Wellen knallten laut rauschend gegen die Felsen. Ich stand am ungesicherten Rand der Klippe, um das besondere Panorama der Landschaft einzufangen.
Dann passierte, was eigentlich nicht passieren durfte. Unter mir rutschte der Boden weg und ich fiel abwärts. Wieder mal in Zeitlupe sah ich als letztes die beiden weit aufgerissenen Münder meiner Kameraden. Ich schlug mit meinem Handgelenk auf eine verbliebene Felskante auf und versuchte sie sofort reflexartig zu greifen. Mein Handgelenk blutete. Was mir offensichtlich das Leben rettete, war ein kleiner Felsvorsprung andert-halb Meter unterhalb der Kante. Als ich mich auf beiden Ellenbogen müh-sam nach oben robbte, war das Erste, was ich sah, die noch immer weit aufgerissenen Münder meiner beiden Kameraden. Sie standen wie zu Salzsäulen erstarrt noch immer im Weitwinkelabstand vor mir. Der

20.07.1996 kann als mein zweiter Geburtstag gewertet werden. Mein Schutzengel hat immer noch ein Regenrohr oder einen Felsvorsprung in mein Leben eingebaut. „On the Edge … The Legend lives", wie das Ticket am Eingang mir wohl indirekt vorab schon zu vermitteln versuchte.

Nach dem Dienst fuhren wir zu einem Bowling Center außerhalb von Plymouth. Eigentlich wollten wir Bowling spielen gehen, doch vor Ort entdeckten wir ein Lasergame namens „Quasar". Der „Quasar" war ein Labyrinth mit dunklen Gängen, beleuchtet nur von Schwarzlicht. Jeder Mitspieler hatte eine Laserwaffe in der Größe einer Maschinenpistole, eine Laserweste und einen Laserhelm. An der Weste und dem Helm waren Sensoren befestigt, um jeden Treffer durch die Laserwaffe zu zählen. Es gab zwei Teams mit je sechs Mann und zwei Lager, dazu vier Stationen, um die Laserwaffen auffüllen zu können. So ein kriegsverherrlichendes Spiel war in Deutschland zu jener Zeit einfach undenkbar. Wir sahen es damals schon, wie das heutige Paintball, eher als Sport. Wir spielten das erste Mal nur 15 Minuten, waren danach aber so durchgeschwitzt, dass man das T-Shirt auswringen konnte. Die psychische Belastung wurde durch hämmernde Technomusik noch zusätzlich verstärkt. Es waren vergleichbare Bedingungen wie im Häuserkampf. Beim nächsten Durchgang spielten wir weitere 15 Minuten gegen englische Kids. Die Jungs waren schnell und konnten aufgrund ihres regelmäßigen Spieltrainings gut mithalten. An einem anderen Tag spielte unser Artillerieteam gegen einige Elektroniker aus unserem Hauptabschnitt. Die halbe Stunde war mehr als turbulent. Wir nahmen die Elektroniker durch taktische Gefechtsmanöver etliche

Male systematisch in die Zange. Bei einem schnellen Rückzug entdeckte ich durch Zufall eine versteckte Tür, als ich im Gang dagegen fiel.

Nun hatte ich die Möglichkeit etliche Male an Orten aufzutauchen, wo ich theoretisch eigentlich gar nicht sein konnte. Am Ende des Spiels hatte ich durch diesen Vorteil von uns allen die meisten Abschüsse. Kurzzeitig dachten die Kameraden, ich hätte „Ninja-Fähigkeiten", da ich praktisch durch Wände ging und schnelle Positionswechsel vollzog.

Zurück auf See hatten wir sehr viele Möglichkeiten für das Handwaffen-schießen. Bereits eine Woche zuvor verletzte sich unser Kommandant mit einem McMillian-Scharfschützengewehr Kaliber 50 (12,7 Millimeter). Er hatte, liegend auf dem Flugdeck, dass Zielfernrohr direkt gegen sein Auge gedrückt. Beim Schuss war der Rückstoß der Waffe so immens, dass das Zielfernrohr eine Platzwunde über seinem Auge riss.

Ein Unteroffizier der Marinesicherer hatte u.a. auch eine Granatpistole mit an Bord gebracht. Er zeigte seinen 76er-Gasten den Schussverlauf mit 40 Millimeter Übungsmunition, die er vom Flugdeck in das Fahrwasser schoss. Alexander P. und mich lud er ebenfalls zum Schießen ein. Direkt vor mir war der 2. Elo-Meister zum Schießen bereit. Er hatte genauso wie ich sechs Schuss zur Verfügung und prellte sich gleich beim ersten Schuss mit dem Rückstoß der Waffe, sein Schlüsselbein. Der 2. Elo-Meister fluchte und gab mir direkt mit schmerzverzehrtem Gesicht seine restliche Munition. Ich grinste und verfeuerte nun 11 „Granaten" schnell hintereinander in den Süden von Britannien.

An einem Wochenende fuhren wir von Plymouth nach London. Die Tour war wie in jedem Hafen für die Besatzung organisiert worden. Wir kamen eine Nacht im „Union Jack Club" unter - ein Hotel speziell für Marineange-hörige aller Nationen. Neben dem Besuch des Imperial War Museum war für uns auch ein Besuch des leichten Kreuzer HMS „Belfast" Pflichtpro-gramm.

Als wir die "Belfast" verließen, sprach uns ein älteres sächsisches Ehepaar in stockendem Englisch an. Sie zeigten auf einen bebilderten Flyer der "Belfast" und wollten eine Wegbeschreibung von uns wissen. Alexander P. tat so, als verstand er sie nicht. Der ältere Mann wiederholte seine Frage nochmals sehr mühsam und Alex tat wieder so, als verstand er sie nicht. Der Mann verzweifelte und sagte zu seiner Frau: „Nü, der Bursche do kapiert kenne Englüsch." Alex, selbst auch aus Sachsen, brabbelte nun in fließender vogtländischer Mundart die genaue Wegbeschreibung in seiner trockenen Art. Wir brüllten vor Lachen und das Ehepaar knuffte ihn lachend in die Rippen.

Nordsee (3. Quartal 1996)

Zusammen mit dem Artilleriewaffenmeister und dem Flugkörpermeister entluden und beluden wir mehrere „Sea-Sparrow" -Flugkörper aus dem dahinterliegenden Magazin in den Launcher vor der Brücke. Da es keine alltägliche Übung war, hatten wir viele Zuschauer in der Brücke. Sie konnten uns von oben durch die Fenster direkt über die Schulter schauen. Es klopfte auf einmal wild an der Frontscheibe der Brücke. Alle winkten uns aufgeregt zu und hatten ein unerklärliches Grinsen im Gesicht. Verständnislos blickten wir vier Waffentechniker in die Gesichter der Brückenbesatzung.

Wir wollten uns gerade wieder der Arbeit zuwenden, als wir alle schlagartig zusammenzuckten und auf dem Stahlboden in Deckung gingen. Die Kameraden der Brücke hielten sich die Bäuche vor Lachen. Ein „Tornado" Kampfflugzeug hatte uns im Tiefflug von achtern überflogen und direkt über uns den Nachbrenner zugeschaltet. Der laute Knall des Jets erreichte uns direkt draußen auf dem Vorschiff. Es war ein Wunder, dass sich der Launcher dabei nicht noch im Kreise drehte.

Wilhelmshaven Marinestützpunkt (3.Quartal 1996)

Einer meiner Deckbewohner feierte mit viel Alkohol bis spät in die Nacht hinein. Er, Maat K., kam in den frühen Morgenstunden zurück auf das Schiff und legte sich in seine Koje. Am Morgen wurden wir zum Dienstbeginn geweckt und holten unser Waschzeug aus den Spinden. Der Bockvorhang von Maat K. wurde auf der Fußseite aufgezogen und ein Heizer-Maat kroch heraus. Er war immer noch vollkommen betrunken und ich maulte ihn an, dass er gefälligst in seinem eigenen Deck pennen solle. Als ich gerade ebenfalls das Deck verlassen wollte, wurde der Bockvorhang auf der Kopfseite aufgezogen. Maat K. sah mich ebenfalls mit betrunkenen und verpennten Augen an und ich schaute mit offenem Mund entgeistert zurück. Ich rief Ihm schockiert zu, dass da ein Heizer bei ihm in der Koje gepennt hat. Er zeigte mir daraufhin einen Vogel und wollte mir nicht glauben. Zum Glück hatte Obermaat Heiko M. ebenfalls alles mitbekommen und bestätigte es kopfschüttelnd. Die Geschichte war noch vor dem Mittag im gesamten Schiff bekannt. Allein Maat K. und der Heizer-Maat konnten oder wollten sich an nichts erinnern.

Ein anderes Mal schlief ich nachts in meiner Koje und Obermaat C. kam betrunken ins Deck gelaufen. Er hatte sich vorsorglich einen Eimer mitgebracht. Genervt vom Lärm, zog ich meinen Bockvorhang auf: „Wenn Du reiern musst, geh auf's Klo! Hier im Deck, spuckst Du nicht!" Allgemein galt an Bord die Regel, was an Drinks konsumiert war, verließ den Seemann nur in Richtung Einbahnstraße. Nach einer Viertelstunde ging es los. C. kotzte in den Eimer. Im Deck war auf einmal die Hölle los. C. brachte die Pütz nach oben in die Toilette. Auf dem Rückweg schrie ich ihn so dermaßen zusammen, dass man mich noch ein Deck höher hörte. Obermaat B., der kleinste von allen, fackelte nicht lange und boxte C. mit voller Wucht in den Bauch. C. ging zu Boden und heulte. Sofort trennte ich die beiden und schickte B. zurück in seine Koje. Meine Standpauke ging allerdings weiter und Alexander P., der gerade aus der Messe kam, stürmte ins Deck. Er sah C. am Boden liegen und mich wutentbrannt rumschreien. Noch im Schott drehte er sich um und rief: „Heiko hat C. umgehauen." Ein Offizier erschien im Deck und ich klärte die Lage auf. Selbst der STO trat vorsichtig wieder den Rückzug an, nachdem er sah dass sich die Lage beruhigt hatte. War ich beim Thema Alkohol jetzt doch zu sehr ins Gegenlager geraten? Vermutlich nicht, aber ich zog nun immer mehr eine klare Grenze.

Ständiger Einsatzverband Atlantik STANAVFORLANT
(15.05.1997 – 20.09.1997)

Im Mai 1997 wurden wir dem „Ständigen Einsatzverband Atlantik" zuge-
teilt. Die SNFL war der Vorläufer der SNMG 1. Sie bestand
aus Zerstörern und Fregatten und wurde am 13. Januar 1968 gegründet.
Die NATO-Teilnehmer stellten die Schiffe und lösten sich untereinander
mit der Einsatzbeteiligung ab. Die ständigen Teilnehmernationen waren
die USA, Großbritannien, Kanada, die Niederlande und die Bundesrepublik Deutschland. Die Marinen Norwegens, Dänemarks, Belgiens, Portugals
und seit 1990 Spaniens beteiligen sich zeitweise an dem Verband. Die
Aufgabe im Kalten Krieg war es, in Krisenfällen schnell als multinationaler
Verband Bündnissolidarität demonstrieren zu können.

Als wir in Lissabon zum Verband stießen, entdeckten wir beim ersten
Landgang „Bacardi-Flaggen", entlang der Hauptstrasse. Die Flagge mit
dem typischen Fledermausemblem durfte in unserem Deck nicht fehlen
und wir überlegten, eine von ihnen mit in die Karibik zu nehmen. Sie hingen in vier Metern Höhe, an Straßenlaternen befestigt, auf einer noch viel
befahrenen Hauptstraße herab. Auf dem Hinweg in die Stadt, versuchten
wir am Abend die Straßenlaterne zu erklimmen.
Es gelang aber niemandem von uns und wir zogen weiter in die Stadt, um
zu feiern.
Wie wir zurück an Bord kamen, wussten am nächsten Morgen nur noch
die wenigsten von uns. Zu unserer großen Überraschung lagen in unse-

rem Deck gleich zwei große „Bacardi-Flaggen". Nach anfänglicher Freude konnte sich jedoch niemand von uns erinnern, wer die beiden Fahnen in betrunkenem Kopf aus der Höhe entwendet hatte. Die Flaggen waren jetzt wieder auf dem Weg zurück in die Karibik. Es wurde ein neuer „Bacardi-Außenspürtrupp" gegründet, der sich insbesondere in der Karibik in Piratenmanier zusammenrottete.

Mit den beiden Artilleriegasten Mike B. und Axel B. entfernte ich an beiden 20 Millimeter Geschützen das Salz des Atlantiks. Wir waren fertig mit der Arbeit und räumten bereits das Werkzeug und die Putzlappen zusammen. Ich lief gerade über den Verbindungsgang zwischen den beiden Signaldecks und bog soeben um die Ecke. Hinter den beiden Gasten türmte sich eine riesige Welle auf und passierte in dem Moment die Steuerbord-Brückennock. Ich hatte nur einen Bruchteil von Millisekunden Zeit sie zu warnen und begab mich sofort wieder auf den Längsgang über dem Harpoon-Deck. Die Wassermassen schlugen auf das Signaldeck. Die zuvor fragenden Gesichtsausdrücke der beiden nun durchnässten Kameraden waren verschwunden, stattdessen schlug es um in ein Lachen und ein noch lauteres Fluchen.

Unsere Fahrt über den Atlantik dauerte eine Woche. Wir wechselten in die Zulu-Zeit, um uns mit den anderen Einheiten zeitlich einfacher abstimmen zu können. Morgens lagen überall an Oberdeck große verendete fliegende Fische. Sie segeln mit ihren flügelähnlichen Flossen bis zu 400 m weit über die Wasseroberfläche. Unsere Aufbauten bremsten ihren Tiefflug in der Nacht abrupt ab und sie überlebten ihren kurzen Landgang leider nicht.

Während der Amerika-Tour bestand für die Besatzung wieder die Gelegenheit für zwei bis drei Tage das Schiff zu wechseln und auch mal das Bordleben anderer Nationen mitzuerleben. Im Rahmen des Crosspol war ich für die USS „Stark" eingetragen - einer amerikanlschen Fregatte der „Oliver Hazard Perry"-Klasse. Mehrere Male hieß es, wir sollten uns für das Crosspol vorbereiten. Doch drei bis viermal fiel es kurzfristig aufgrund des schlechten Wetters aus. Das Speed-Boot konnte in den hohen Wellentälern keine Fahrten unternehmen, ohne die Sicherheit der Insassen zu gefährden. Recht spontan wurde wieder über den Bordlautsprecher bekannt gegeben, das dass Crosspol durchgeführt wird. Ich lief schnell in mein Deck, um den bereits fertig gepackten Rucksack zu holen. Diesmal sollte es losgehen. Das Speed-Boot legte von der Fregatte „Köln" ab und fuhr der USS „Stark" entgegen. Mitten auf dem Atlantik wirkte unser Schiff so groß wie eine Stadt auf mich. Ein komisches Gefühl, dass das nächste Land eher unter uns lag, als in den gewohnten vier Himmelsrichtungen. Als wir bereits auf dem Weg waren, frischte der Wind erneut auf und die Wellenberge wurden wieder höher. Wir liefen die „Stark" auf der Steuerbordseite an, um über eine Jakobsleiter das Schiff zu besteigen. Die Wellen waren nun aber schon so hoch, dass sich auch die Leiter um zwei bis drei Meter von mir weg und auf und ab bewegte. Das kleine, aber leistungsstarke Speed-Boot kam nun teilweise sehr gefährlich nahe an das Schiff, oder war dementsprechend viel zu weit entfernt. Der FTO Kaleu B., der das Speed-Boot steuerte, teilte mir mit, dass er nur noch einen Anlauf wagen und dann umkehren würde. Es sei für den Umstieg viel zu gefährlich. Ich aber wollte unbedingt auf das Schiff. Als die Leiter einen halben Meter von mir entfernt war, sprang ich ihr entgegen. Ich ergriff die Leiter und im selben Moment war das Speed-Boot schon wieder zwei Meter entfernt. Als ich die Leiter erklommen hatte, schüttelten einige amerikanische Seeleute an Oberdeck ihren Kopf. Zugegeben, ich war verrückt und mein Schutzengel wohl wieder mal auf 180. Erst zu einem späteren Zeitpunkt kamen die anderen Kameraden der „Köln" mit dem Helikopter nachgeflogen, um zusammen bis nach Halifax zu fahren.

Zusammen mit Axel B. konnte ich mich recht frei auf der USS „Stark" bewegen. Wir verstanden uns gut mit dem amerikanischen Artillerieteam.

Die „Oliver Hazard Perry"-Klasse war mehr für die Luftverteidigung ausgelegt und diente für den Geleitschutz. Genauso wie die deutschen 122er Fregatten bei uns, galt die „Perry", bei den Amerikanern als Arbeitspferd der Marine.

Im Irak-Iran Krieg wurde sie von zwei „Exocet"-Flugkörpern getroffen. Es kostete 37 Seemännern das leben und das Schiff wurde danach generalüberholt. Überall im Schiff gab es Gedenktafeln der gefallenen Kameraden. Uns wurde bewusst, wie schnell ein routinemäßiger Überwachungsauftrag sich in eine Katastrophe verwandeln konnte. Als ich im Rahmen des Crosspol auf der USS „Stark" mitfuhr, übernachtete parallel dazu ein amerikanischer Soldat in meinem Deck der Fregatte „Köln".

In Halifax trafen wir mit der amerikanischen Fregatte als letztes Schiff im Hafen ein. Die Fregatte „Köln" lag schon länger an der Pier. Mein amerikanischer Crosspol-Partner sprach mich noch auf der USS „Stark" an und ich erfuhr neben seinem richtigen Namen, dass er „Ed, das Pferd" gerufen wurde. „Mr. Ed" war eine Comedyserie aus den Sechzigern. Es lag wohl daran, dass er ein ziemliches Pferdegebiss besaß. Ed entschuldigte sich in den nächsten Sätzen dafür, dass er sich nach einer Decksparty in meinem Bock übergeben hatte. Zunächst war ich natürlich schockiert, doch er sagte mir, dass meine Kameraden in der Nacht über zwei Stunden mit der Sagrotan-Reinigung zugebracht hatten. Er wollte für unser gesamtes Deck eine Party steigen lassen, um die Sache wieder gutzumachen.

Ich ging zur „Köln" zurück und war schon gespannt, was mir meine Kameraden darüber berichten würden. Unser Decksältester Alexander P. begrüßte mich als erstes mit den Worten: „Heiko, bitte reg Dich nicht auf, es ist wieder alles in Ordnung." Er erzählte mir die ganze Geschichte. Wie die Decksparty begann, über nicht trinkfeste Amis, bis hin zur Reinigung mit Sakrotan und neuem Bockzeug. Ich setzte eine finstere Mine auf und inspizierte meine Koje.

Als mir mein gesamtes Deck berichtete, wie sie die halbe Nacht „Klar Schiff" machen mussten und sämtliche Details erzählten, konnte ich mich vor Lachen kaum halten. Dem Amerikaner hatten sie erzählt, wenn er auf die Fotos meiner damaligen indonesischen Verlobten gespuckt hätte, die an der Decke meiner Koje hingen, hätte ich ihn mit sämtlichen ostasiatischen Kampftechniken über den Atlantik verfolgt und ihm in den Arsch getreten. Ed löste sein Versprechen ein und spendierte dem Deck eine

Party in Roosevelt Roads / Puerto Rico. Der größte Teil der amerikanischen Artilleriebesatzung der USS „Stark" feierte mit uns bis spät in die Nacht in unserer Unteroffiziers-Messe. Wir verabschiedeten die betrunkenen Amis auf ihrem Schiff und mussten noch die Wache an Deck besänftigen, die bereits grimmig blickend, ihre weißen Gummiknüppel schwang. Der Alkoholmissbrauch an Bord amerikanischer Schiffe wurde viel strenger geahndet.

Am nächsten Tag verabschiedeten wir die USS „Stark" mit einem feucht fröhlichen Sail Pass. Die Fregatte „Stark" überholte jedes Schiff des Verbandes. Alle abkömmlichen Besatzungsangehörige waren an Oberdeck und hatten sich verkleidet und Spruchbänder aufgehängt. Die Wasserkanonen schossen von Schiff zu Schiff. Der AWM gab mir eine DM-119-Unterwasserschallgranate. Ich schleuderte sie in das Fahrwasser der „Stark". Sie explodierte druckgesichert direkt an der Bordwand in sechs Metern Tiefe. In Bezug auf die Vergangenheit der „Stark", hätte ich es heute nicht mehr so gemacht. Bei der „Köln" verweilte die USS „Stark" besonders lange. Es waren Spruchbänder speziell für unser Schiff gemacht worden: „You've got the alcohol; we've got the burger."

Während unseres längeren Landaufenthalts in Halifax / Kanada lief der amerikanische Flugzeugträger USS „John C. Stennis" in den Hafen ein.

Der Träger war so groß, dass er nicht direkt an den Kaianlagen anlegte, sondern in der Bucht vor Halifax ein paar Kilometer entfernt auf Reede lag. Zusammen mit meinen Unteroffiziers-Kameraden Sven S. und Jens O. beschlossen wir, irgendwie auf den Träger zu kommen, um ihn zu besichtigen. Uns war klar, eine Einladung war nicht einfach zu erhalten. Wir zogen uns unsere Ausgehuniform mit goldenen Schulterklappen und Verdienstspange an. Im Haupthafen von Halifax, wo die Übersetz-Boote anlegten, sprachen wir eine Wache an. Schnell bekamen wir mit, dass uns die Wachen vom Dienstgrad nicht einschätzen konnten. Die amerikanischen Offiziere hatten eine weiße Ausgeh-Uniform mit goldenen Schulterklappen und bald wurden wir ebenfalls in dieser Liga eingestuft. Sie grüßten uns militärisch. Nachdem wir am Heck des Trägers angelegt hatten, wurde uns dielen ein eigener Offizier abgeteilt. Wir bekamen eine private Schiffsführung. Nachdem wir durch die Speisessäle, Flugzeugdecks und zahlreiche andere Decks geführt wurden, fragte man uns dann doch vorsichtig nach unseren Dienstgraden. Wir antworteten ehrlich, dass wir 2nd. Petty Officer (Obermaat) sind.

Der Offizier lachte, hatte es auf einmal sehr eilig und es kam recht schnell ein Unteroffizier, der unsere Führung dann fortsetzte. Wir waren vom Dienstgrad enttarnt, aber hatten unsere Schiffsführung auf dem Träger. Unser Tagesziel war erreicht und als Erfolg zu verbuchen. Nachdem wir das Flugdeck und die drei übereinander liegenden Brückendecks inspiziert hatten, sahen wir noch den ersten Offizier der USS „Stennis". Man erzählte uns, dass er im Film „Top Gun" den MIG-Piloten spielte, dem Tom Cruise kopfüber den Mittelfinger zeigte, als dieser mit seiner F14 „Tomcat" über ihm schwebte.

In Halifax mieteten wir uns einen Kleinbus und fuhren innerhalb von zwei Tagen etwa 1100 Kilometer durch Nova Scotia. Wir besuchten den Kejim-kujik-Nationalpark, den berühmten Leuchtturm Peggy's Cove und feierten ein Apfelfest in Lunenburg. Gefühlt sahen wir aber eigentlich nur Bäume, Straßen, Bäume, Straßen, Bäume und ab und zu einen klaren See. Neufundland ist von den Entfernungen einfach riesig. Die Einwohner sind sehr gastfreundlich und offen.

An einem Abend lernten wir ein paar Mädels in einer Disco kennen. Spontan luden sie uns für den nächsten Tag zum Barbecue ein. Wir nahmen das natürlich wörtlich und waren pünktlich am nächsten Tag vor Ort. Die Mädels wirkten etwas überrumpelt und wir kauften im Supermarkt erstmal etwas zum Grillen.

Als ich in Halifax mitten auf der Hauptstraße ein Foto vom Signal Hill machen wollte, hielten die Autos mitten auf der Straße an. Der Fahrer animierte mich sogar weiterzumachen und zu fotografieren, als ich die Straße freimachen wollte. In Deutschland hätte man mich vermutlich weggehupt. Die Kanadier waren viel entspannter. Ob es an ihrem leckeren French Vanilla von Tim Horten lag? Wer weiß.

Bevor wir von Halifax nach St. Johns wechselten, hatten wir nochmal 15 Seefahrtstage vor uns. In dieser Zeit hatten wir fast durchgängig graues nebeliges Wetter. Das Nebelhorn tutete in regelmäßigen Abständen seine Warnrufe in den dichten Nebel. Man sah manchmal keine 50 Meter weit. Alle waren deutlich genervt von dem lauten Warnton über eine ganze Woche hinweg.

Ab und zu sahen wir riesige Pottwale und kleine Eisberge. Ein kleines „Highlight" war die Schiffspassage über die „Titanic" hinweg. Unser Sonar-Messtechniker hatte sie angeblich über die Koordinaten 41° 43' 55" N, 49° 56' 45" W genau finden können.

In St. Johns / Neufundland verbrachten wir fünf Tage bevor es weiter in die Karibik ging. St. Johns feierte den 500. Geburtstag der Entdeckung durch den italienischen Navigator John Cabot (Giovanni Caboto). Er hatte die Bucht am 24.07.1497 mit seiner kleinen Schaluppe als Erster entdeckt. Die Kanadier hatten zum Hafengeburtstag das Boot nachgebaut. Es lief am Abend mit Feuerwerk in den festlich erleuchteten Hafen ein.

Nachts um 2:00 Uhr trafen wir uns dann in einem Pub, um den legendären Boxkampf von Mike Tyson gegen Evander Holyfield zu sehen. Das lange Warten auf den Kampf wurde nicht belohnt. Bereits in der dritten Runde beendete der Ringrichter, nach dem legendären Ohr-Biss von Tyson, den Kampf. Die Kanadier waren das erste Mal sichtlich verärgert, als der groß-angekündigte Kampf so schnell abgebrochen wurde.

Am Folgetag spielte die legendäre US-Band „Creedence Clearwater Revival", allgemein abgekürzt als CCR, direkt vor unserem Schiff. Ich hatte zwar Wache, aber einen immer noch perfekten kostenlosen Platz an Oberdeck zum Zuhören.

Die Marine verteilte manchmal Bonbons und manchmal bittere Pillen. Im Nachhinein blieben aber mehr von den guten Bonbons in Erinnerung.

Nach den langen Tagen in kalten, nördlichen Seegebieten freuten wir uns auf die Passage in Richtung Karibik. Es war Zeit, die dunkelblaue Uniform in weiße Ausgehuniform zu wechseln. Für den Tagesdienst an Bord bedeutete es, den blauen BGA mit dem Khaki zu tauschen. Je wärmer es wurde, desto kürzer wurden die Hosen.

Im Seegebiet nördlich der Bahamas übten wir ein RAS-Kraftstoff-Manöver mit dem englischen Versorger HMS „Brambleleaf". Das Wetter war schön, die See war ruhig. Sämtliche Verbindungsleinen und Schläuche hingen zwischen den Schiffen. Auf der Brücke meldete der Brückenmaat einen Segler, der unseren Kurs zu kreuzen begann. Zunächst wurde die Meldung ignoriert. Erst bei der dritten Warnung, als sich der Segler eine halbe Meile vor unseren Schiffen befand, wurde eine Not-Trennung angeordnet. Zu dieser Zeit befand ich mich im Torpedoraum und rüstete das „Bola"-Gewehr mit einer neuen Verbindungsleine aus. Ich hatte damit zuvor die

Verbindungsleine zum englischen Versorger geschossen. Als über Lautsprecherdurchsage die Not-Trennung bekannt gegeben wurde, öffnete ich handbreit die Torpedoraumtür zum RAS-Deck und blickte nach draußen. Die Decksmannschaft zerschlug die Schlauchverbindung mit Äxten. Die Leinen und Schläuche flogen zurück zum Versorger, Kraftstoff lief ins Meer. Der Decksmeister war außer sich als er erfuhr, warum es zum Abbruch kam. Die HMS „Brambleleaf" funkte den amerikanischen Segler an, um den Schiffsnamen und Heimathafen herauszubekommen. Da der Segler in einem militärischen Übungsgebiet segelte und ein Marinemanöver behinderte, drohten ihm Strafen. Das Segelboot antwortete jedoch erst gar nicht auf die Funksprüche und machte sich langsam aus dem Staub. Da der Versorger aufgrund seiner Größe von 40.000 BRT nicht näher an den Segler heranfahren konnte, übernahm die „Köln" kurzerhand die Verfolgung. Innerhalb einer Minute waren wir längsseits des Seglers. Er stoppte ab und der Skipper traute sich kaum raus auf sein Oberdeck. Unsere ganze RAS-Mannschaft schaute finster zu dem Segler rüber. Mein G3-Bola-Gewehr stemmte ich mir in die Hüfte. Ähnlich mussten sich früher die Segelschiffe gefühlt haben, als Freibeuter sie aufstoppten. Statt Rum und Gold zu kapern, reichte uns seine Identität. Unser neuer Kommandant Dirk Geister funkte den Namen und den Heimathafen des Seglers zur HMS „Brambleleaf" rüber. Keine Ahnung, wie hoch die Strafe ausgefallen ist, aber es gab im Anschluss wohl noch richtig Ärger.

Obermaat Raiko D. kam in die Unteroffiziersmesse und fragte suchend nach einem anderen Kameraden. Unser japanischer Funker Obermaat H. sagte inbrünstig zu ihm: „In Shi ro gi." Wir schauten alle fragend zu Obermaat H. und wunderten uns, warum er denn nun offensichtlich japanisch sprach. Nach einer wiederholten Nachfrage klärte sich das Missverständnis dann aber endlich auf. Er meinte der Kamerad sei im Schiffslazarett. Oder halt in der „Chirurgie". Obermaat H. wechselte kurze Zeit später von der Amerika-Tour zur Asien-Tour (AAG 134/97 oder Desex 972). Die Fregatte „Bremen" suchte dringend einen japanisch sprechenden Funker für den Einsatz in der Region.

In der Karibik nahmen wir von der puerto-ricanischen Insel Vieques fünf Übungstorpedos auf. Die fünf Torpedos verschossen wir in der darauffolgenden Woche auf vordefinierte Ziele durch die Torpedorohrsätze der Fregatte. Im Torpedoraum hörten wir durch die Bordlautsprecher parallel alle Geräusche aus der Operationszentrale.

Der erste Torpedo wurde per Luftdruck herausgeschossen und verließ planmäßig das Rohr. Durch die OPZ hörte ich die typischen aktiven Sonargeräusche Pong Ping.

Der Torpedo schraubte sich in Kreisen in die Tiefe und fuhr seinen Suchmodus.

Alle fünf „Aale" verschwanden nacheinander in der Tiefe. Später erfuhren wir, dass nur vier der Torpedos das Ziel passiert hatten. Der erste der fünf Torpedos hatte von den Amerikanern falsche Koordinaten eingelesen bekommen. Die Zielkoordinaten zerstörten durch eine physische Kollision eine der zahlreichen Sonarbojen, die in dem Gebiet verteilt waren.

Als wir in Roosevelt Roads / Puerto Rico anlegten, war unser erster Gang zum PX-Shop und zum Friseur. Roosevelt Roads war eine US-Marinebasis in der sowohl schwimmende Einheiten als auch US-Marines und Pioniere stationiert waren.

Bei der spanisch sprechenden Friseurin bat ich auf Englisch um einen kurzen Haarschnitt. Die „Mamacita" nahm die Haarschneidemaschine und fuhr mir in Sekunden durch mein Haar. Sven S. rief nur: „Oh mein Gott, du willst nicht wirklich wissen, wie Du jetzt aussiehst." Als sie mir den Spiegel reichte begriff ich, dass hier normalerweise nur Marines bedient wurden und sie wohl auch nur einen Haarschnitt beherrschte. Der Haarschnitt von 3 Millimeter Länge war zunächst etwas luftig, doch er erwies sich in der Karibik als außerordentlich praktisch. In der Base sprachen mich andere US-Marines mit: „Hi Mike...," an. Sie dachten ich wäre einer von ihnen.

Das ganze Wochenende lagen wir in Roosevelt Roads. Zusammen mit Sven S. besuchten wir das amerikanische Atom-U-Boot USS „Sandlance". Es ist ein Angriffs-U-Boot der „Sturgeon"-Klasse. Nachdem die umfassende Schiffsführung beendet war, setzten wir uns noch vor dem Boot auf die Kaimauer.

Die Dämmerung in der Karibik setzte zügig ein und wir standen kurz vor der abendlichen Flaggenparade. Ich ging zu ein paar Gasten von der „Köln", die ebenfalls vor der USS „Sandlance" standen und forderte sie auf, bei der Flaggenparade sich ebenfalls mit uns zu erheben und ins Stillgestanden zu gehen. Nichts wäre peinlicher gewesen, als wenn wir nach der guten Schiffsführung ein schlechtes Bild bei den Amerikanern hinterließen. Nach der Flaggenparade sprach mich ein amerikanischer Seekadett an. Sie hieß Angelica H. war jung und hübsch und lobte unser diszipliniertes Auftreten. Angelica fragte mich spontan, ob sie auch die

Fregatte „Köln" besichtigen könne. Da wir an diesem Abend einen Offiziersempfang veranstalteten, war dies leider nicht möglich.

Ich sagte ihr, dass wir bereits morgen früh wieder RORO verlassen werden und dass es mir sehr leid täte. Beiläufig erwähnte ich aber scheinbar meinen Namen und das wir in einer Woche wieder in San Juan auf der anderen Inselseite von Puerto Rico anlegen würden.

Die Woche auf See verging schnell und wir erreichten San Juan in weißer Einlauf-Uniform. Das Schiff war gerade fest vertäut und ich trank in der Messe eine Cola. Durch den Deckslautsprecher kam die Durchsage: „OMT Frerichs hat Besuch an der Wache." Ich setzte die Dose ab und alle in der Messe schauten fragend zu mir rüber. „Hey Leute, Ich kenn hier niemanden?!?" Auf dem Weg zur Wache kamen mir schon einige Kameraden grinsend entgegen, die ich fragend anschaute. An der Wache stand eine kleine Latina und forderte lachend ihre Schiffsbesichtigung ein. Beim Rundgang durchs Schiff erntete ich pausenlos zweideutige Kommentare, die ich grinsend abwinkte. Die Schiffsführung dauerte eine Weile und ich war schon auf dem Weg in mein Deck. Angelica redete und redete und sie fragte mich, was ich in San Juan vorhabe.

Nachdem ich mich umgezogen hatte und alle meine Kameraden bereits in der Stadt waren, zeigte Angelica mir ihr San Juan. Es war eine perfekte

Stadtführung mit „Piragua" auf der Straße; Crunch-Eis in Kegelform mit Sirup. Bei dem heißen Wetter sehr lecker. Am nächsten Tag verabredeten wir uns wieder und sie zeigte mir auch noch Ihre Heimatstadt Carolina. Ich erfuhr sehr viele Details über ihre Tätigkeit als Seekadett und wir verlebten zwei schöne Tage in Puerto Rico.

Wir blieben noch längere Zeit in der Karibik und fuhren Manöver mit südamerikanischen Einheiten.

Unser nächster Hafen war St. Kitts / Nevis auf den Kleinen Antillen. Selbst Kolumbus war früher schon hier. Auf St. Kitts gibt es einen riesigen Strato-Vulkan namens Mt. Liamuiga (1156 Meter). Während unseres Inselaufenthaltes fragte ich meine Unteroffiziers-Kameraden, wer mit mir ein Dschungeltracking zum Kraterrand machen wolle. Oliver N., Enrico L., Alexander P. waren begeistert und wollten parallel ein Bordvideo für KCTV drehen. Ich hörte in der Stadt, dass es einen alten Pfad geben sollte, der zur Spitze des Berges führte. Zur viert ließen wir uns mit einem Taxi an den Rand der Zuckerrohrfelder bringen. Von hier aus war mein Plan, Kurs direkt Richtung Bergspitze. Mit dem Taxifahrer besprachen wir, dass er uns in fünf Stunden wieder an dem Ausgangspunkt abholen sollte. Der Zeitplan war sehr eng und ich rechnete damit, dass wir es in zweieinhalb Stunden bis zum Krater schaffen konnten. Zunächst bahnten wir uns einen Weg quer durch das Zuckerrohrschilf. Irgendwann begann der Dschungel und wir sahen ein altes zerfallenes Holzschild, dass einen alten Weg markierte. Das Ganze wirkte auf uns, wie in einem alten Piratenfilm. Der Dschungel wurde dichter und riesige Spinnennetze säumten den Pfad. Bei dem Gedanken an Vogelspinnen lief mir ein Schaudern über den Rücken. Trotzdem lief ich voran und stampfte laut auf, um mögliche giftige Schlangen frühzeitig zu verscheuchen. Der Weg wurde jetzt steiler und schnell merkten wir, dass wir zu wenig Wasser mitgenommen hatten. Der Dschungel wurde nun so dicht, dass man den Kraterrand nur erahnen konnte. Es waren bereits mehr als zweieinhalb Stunden vergangen. Normalerweise mussten wir jetzt umdrehen, um den Taxifahrer für den Rückweg nicht zu verpassen. Mein Argument war, zurück geht's bergab und wir sind schneller, weil wir den Weg kennen. Also liefen wir doch noch weiter. Der Weg wurde nochmals steiler und wir mussten teilweise auf allen Vieren den Berg hochklettern. Für mich selbst beschloss ich, wenn nach der nächsten Steigung kein Krater zu sehen ist, drehen wir um. Doch von einem Augenblick auf den anderen stieg ich über den Kraterrand und schrie zu meinen Kameraden: „Wir sind oben am Gipfel!" Alex P. kletterte noch auf einen kleinen Felsen, der nochmals drei Meter höher lag. Er zog mich mit einem Gürtel ebenfalls nach oben und wir standen auf einer ein Quadratmeter kleinen Plattform. Um uns herum ging es 80 Meter bergab in den Krater. Ich traute mich kaum aufzustehen. Der knappe Absturz am „Landsend" steckte mir noch in den Knochen und ich wusste nicht, ob mein Schutzengel gerade auch Urlaub in der Karibik machte. Auf den Felsen zu klettern war keine Schwierigkeit. Um jedoch wieder herunterzusteigen, ließ Alex mich oben an einer Hand los und Oliver N. zog mich unten im Flug an der anderen Hand zurück auf den Kraterrand. Bei Alex machten wir es genauso. Ein Fehler und wir wären runter in den Krater gerutscht. Wir machten noch einige Filmaufnahmen für das „KCTV-Team", um danach zügig abzusteigen. Es waren bereits mehr als drei Stunden vergangen und unsere Getränke waren schon komplett aufgebraucht. Der Hunger und der Durst waren enorm. Bedingt durch die hohe Luftfeuchtigkeit waren wir alle schon sehr müde. Als wir nach etwas mehr als fünf Stunden wieder beim Taxi waren, ließen wir uns sofort in die Stadt fahren. Unser direktes Ziel war der einzige „Burger King" in der Hauptstadt Basseterre. Mit schlammverdreckter Kleidung betraten wir den Fast Food Laden. Wie die Tiere fielen wir noch an der Warenausgabe über die Burger und Getränke her. Die Verkäuferinnen wussten nicht, wo wir wenige Stunden zuvor noch waren und sie ließen uns lachend gewähren. Im Nachhinein stellte sich dann später heraus, dass der Vulkan noch immer aktiv ist. 1999 und 2000 kam es zu mehreren Erdbeben. An den Flanken befinden sich mehrere Lavadome, die wir damals aber auch nicht sahen. Egal, mein Schutzengel hielt den Daumen auf den Deckel. Heute findet man im

Inneren des Kraters aktive Fumarole, aus denen Wasserdampf und vulka-
nische Gase austreten.

Nach einer weiteren Woche Seefahrt durch die Karibik besuchten wir Fort
Lauderdale in den USA. Die Stadt ist nach einer Festung aus dem zweiten

Seminolenkrieg benannt, die 1838 am New River errichtet wurde. Bereits am zweiten Tag hatte ich Wache. Es wurden Freiwillige für den Shuttle-Service gesucht, so dass ich doch noch an Land kam, um Kameraden in die Stadt zu fahren. Zusammen mit meinem Ari-Gasten Axel B. fuhr ich in einem großen Bus mit Automatikgetriebe. Die fehlende Kupplung verursachte zu Anfang bei uns beiden einige Vollbremsungen. Wir gewöhnten uns aber schnell daran. In der Stadt drehten wir immer die gleichen Runden. Zunächst zur Mall, an den Strand und über eine Brücke wieder zu unserem Liegeplatz im Hafen. Der Tag war super. Herrliches Wetter, amerikanische Straßenkreuzer, Girls in knappen Bikinis. Genauso wie man es aus „Miami Vice" kannte.

Am Abend hatten wir einen Offiziersempfang außerhalb der Stadt. Wir brachten alle Offiziere mit zwei Fahrzeugen zu dem Event. Bis wir es gefunden hatten, dauerte es sehr lange. In der Nacht fuhren wir erneut zum Country Club und holten dort alle betrunkenen Offiziere ab. Nach Verlassen der Interstate 595 hielten wir an einer Straßenkreuzung. Axel ließ neben mir seinen Busmotor aufheulen. Ich antwortete mit dem Gaspedal meines Chrysler Stratus. Die Offiziere, inkl. des Kommandanten Fregattenkapitän Dirk Geister, forderten sofort ein Autorennen. Als die Ampel auf Grün sprang, traten wir auf die Gaspedale und ließen die Reifen durchdrehen. Die letzten Kilometer jagten wir mit Vollgas durch das Hafengebiet. Zum Glück hatte uns die Highway Patrol nicht erwischt. Es wäre aber sicherlich auch eine interessante Geschichte geworden, hätte man den gesamten Führungsstab diplomatisch aus dem Knast auslösen müssen.

In der Karibik setzten wir uns abends zu einem „Sundowner" auf das Flugdeck. Die Sonne verschwindet in Äquatornähe recht schnell. Ein Himmel in sämtlichen Pastelltönen wechselte in einen traumhaften Sternenhimmel. Wir fuhren das Hangartor herunter und hatten, bis auf die Positionsleuchten, absolut kein Licht mehr auf dem Flugdeck. Normalerweise durfte nachts kein Soldat das Oberdeck betreten, um zu verhindern, dass unbemerkt jemand über Bord geht. Wir hatten uns aber beim Leitstand eine Sondererlaubnis eingeholt und uns abgemeldet. In einigen Seemeilen Entfernung fuhren zwei Kreuzfahrtschiffe. Ein Schiff war in der Mitte blaufluoreszierend erleuchtet, das zweite ebenfalls futuristisch strahlend. Unser AWM sagte zu uns, dass wir diese Sternenhimmel ein Leben lang immer in Erinnerung behalten werden. Er hatte Recht.

Fast jeden Abend machte ich im Hangar Sport. Als im Atlantik durch einen Sturm, das Training auf dem Crosstrainer zu gefährlich wurde, setzte ich mich in das Fly-Co und sah durch das Fenster auf das aufgewühlte Meer. Von hier aus wurden normalerweise die Helikopter auf das Flugdeck geleitet. Die Fregatte schlingerte und stampfte. Ein gewaltiger Brecher überspülte die „Köln" und zog das Heck in die Tiefe. Das komplette achtere Schiff war weit unter der Wasseroberfläche. Ich öffnete die Tür vom Fly-Co und blickte beunruhigt runter zum Hangartor. Es gab mir Zuversicht. Das Tor war wasserdicht und das Meer blieb draußen. Neptun holte uns nicht zu sich in sein Reich. Im Z-Gang der Fregatte konnte man bei einem Sturm gut die Torsion der Fregatte beobachten. Wenn man etwa in der Mitte der Fregatte stand (in der Höhe des Leitstands), schaute das Heck in Abteilung VII Richtung Backbord, wobei bereits das Vorschiff in Abteilung XIII nach Steuerbord bog. Die Fregatte war flexibel und zäh wie eine Feder. Kurzzeitig gelang es uns, bei Schräglagen auf der Seitenwand zu laufen. Aber nur ein einziges Mal machte ich mir wirklich Sorgen, als die Schräglage mal etwas länger dauerte als üblich. Die Niedergänge konnte man sehr oft mit zwei Schritten herauffliegen und beim Auftauchen war das Körpergewicht manchmal so schwer, dass es in den Knien schmerzte.

Während der Seepassagen trainierten Sven S. und ich jeden Abend bis zu zwei Stunden Selbstverteidigung im Hangar. Wir trainierten die Fallschule auf zusammengeklebten Pappkartons auf dem Stahldeck. Das Krafttraining erfolgte an diversem Schiffsinventar und wir entwickelten eine selbsterdachte Partnerform (japanisch Kata). Bei einer Schlagabfolge, die wir fortlaufend erweiterten, blockte Sven nicht wie vereinbart und meine Faust traf ihn abgebremst an der Unterlippe. Obwohl der Schlag sehr vermindert ausgeführt war, reichte die Energie aus, seine Unterlippe sofort aufzureißen. Sven ärgerte sich über sich selbst und ich entschuldigte mich für den Treffer. Wir gingen zum Schiffslazarett und überlegten uns eine Ausrede, wie es hätte passiert sein können. Stabsarzt Dr. Stephan B. schüttelte nur mit dem Kopf und sagte: „So, so, gegen das Schott gelaufen, aha. Und wo war Heiko?" Er hatte uns voll durchschaut, aber zum Glück dichtgehalten.

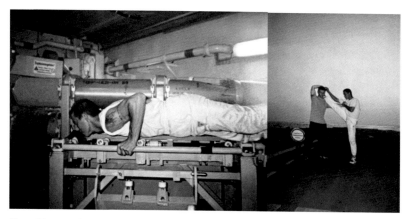

Tagsüber verbrachten wir die heißen Tage in der Karibik gerne an Oberdeck. Meistens befreiten wir uns selbst vom Hemd und ließen keine NATO-Bräune auf dem Oberkörper entstehen.

Im Hafen konnte man deutlich erkennen, wer im Schiff und wer auf dem Oberdeck arbeitete. Wir Artilleristen waren mehr als knackig braun, was in der weißen Ausgehuniform besonders auffiel.

An einem Nachmittag zerlegten wir zur Reinigung einen SRBOC-Werfer auf dem Düppel-Deck und hatten unser Werkzeug kreuz und quer verteilt. Der Himmel war blau und die Sonne brannte auf uns hernieder. Doch halt, was war das kleine Schwarze dort vor uns am Himmel? Die Fregatte näherte sich einer kleinen Wolke. Unterhalb der Wolke brodelte es regelrecht auf dem Wasser. So etwas hatten wir alle noch nicht gesehen. Eine einzelne kleine Wolke, die abregnete. Wir packten zügig all unser Werkzeug in die Düppelkammer und fuhren in die kleine Wasserwand. Sehr viel Wasser schoss auf das Deck und ein paar Sekunden später war die Wolke hinter uns komplett verschwunden und die Sonne wieder am strahlen. Ein unglaubliches Wetterphänomen wie aus einem Zeichentrickfilm. Nachdem wir lange in der Karibik und dem Süden der USA verweilt hatten, ging es Richtung Norfolk.

Auf der Passage ging eines Nachts ein heftiger Schlag durch das Schiff. Es knallte laut wie eine Handgranate. Der Grund dafür war ein „Kaventsmann", eine große Monsterwelle, die weit über das Admiralsdeck spülte. Alle Soldaten wurden aus der Koje gehoben. Ich wurde auf der Bock-Reling wach und hatte nur eine kurze Zeit zu überlegen, ob ich mich nach Backbord rolle oder 2 Meter tief nach unten falle.

Der Bockvorhang auf der Steuerbordseite verriet mir instinktiv, den richtigen Rückweg in die Koje. Am nächsten Morgen waren die Schäden am Schiff gewaltig. Eine Rettungsinsel war verschwunden und drei Zentimeter dicke Stahlstreben waren glatt von der Welle abgeschlagen worden. Lange wurde behauptet Monsterwellen wären Seemannsgarn, doch wir hatten sie alle selbst hautnah erlebt.

In Norfolk lagen wir längere Zeit in der größten Marinebasis der Welt. Über den Elisabeth River fuhren wir in die Naval Station Norfolk. Es gab Flugzeugträger und U-Boote wohin das Auge reichte. Die amerikanische Atlantikflotte ist hier zu Hause. Fregatten, Zerstörer und Kreuzer parkten im Päckchen nebeneinander, wie bei uns in Deutschland die Schnellboote. Alles war hier riesig groß und wir redeten nicht viel bei der Passieraufstellung. Wir ließen die Eindrücke auf uns wirken.

Da wir 12 Tage im Hafen verbleiben sollten, flogen viele Familienangehörige nach Norfolk, um ihre Angehörigen zu besuchen. Wir holten Svens Freundin und spätere Ehefrau vom Flugplatz ab. Die weiße Ausgehuniform in gebräunter Haut zog viele Blicke auf uns. Die amerikanische Marine war überall respektiert und dies galt erst recht für ausländische Marinen. Sven und Mina fuhren in ihren Urlaub nach New York. Ich selbst brauchte meinen Resturlaub für meine eigenen Familienpläne mit meiner indonesischen Verlobten und späteren ersten Frau. So blieb ich in Norfolk. Aber auch für Kameraden ohne Urlaub bestand der Tagesdienst nur aus dem Vormittag. Danach war die Stelling frei für alle wachfreien Soldaten.

Mit ein paar Kameraden fuhr ich von der Marinebasis aus zum Virginia Beach. Obermaat R. brachte uns mit seinem Mietwagen zum Strand. Als wir angekommen waren, schrammte er einen vor Ort geparkten Wagen und ich kümmerte mich darum, die Sache auf Englisch mit der Versicherung zu regulieren. Zum „Glück" verzichtete der aufgebrachte Wagenbesitzer darauf, die Polizei zu rufen.

Wir liefen im Anschluss an ein paar Souvenirgeschäften vorbei und ich kaufte für ein paar Dollar eine kleine Piratenflagge mit Flaggenstock. Wir wollten sie am Strand aufstellen. Unbemerkt fiel sie mir aber wohl aus dem Rucksack, noch bevor wir den Strand erreichten. Es war Pech, aber nicht tragisch und wir liefen weiter. Meine neue „Ray Ban" Sonnenbrille warf ich leichtsinnig auf das Handtuch und bat einen Kameraden darauf aufzupassen. Wir stürmten in das aufgewühlte Wasser. Als wir zurückkamen, schlief mein „dicker" Freund Matthias R. und die Ray Ban war geklaut. Ich fluchte kurz, machte ihm aber keine Vorwürfe. Hätte ich sie bloß besser versteckt. Für fünf Dollar liehen wir uns Bodyboards und surften in den Wellen. Es war herrlich, die Wellen waren kraftvoll und wir surften lange Zeit auf den Wellenkämmen. Weit ab vom Ufer hatte ich keine Angst vor unbekannten Meeresbewohnern. Die haifischverseuchte Karibik war in meinen Augen bedenklicher und nun sehr weit entfernt. Am Strand fluchte ich, nachdem mein goldener Verlobungsring vom Finger rutschte und im weichen Sand verschwand. Sofort griff ich in den Sand und versuchte ihn wieder zu finden. Die Wellen waren aber so stark, dass ich sehr schnell selbst von der Stelle getrieben wurde. Der Ring war weg und ich war fassungslos. Wie konnte jemand innerhalb so kurzer Zeit, so viel Pech haben. Eine Woche nach unserem Norfolk Aufenthalt, lass ich dann auf See in den täglichen Marine-Kurzmitteilungen:

„Ein weißer Hai tötete am gleichen Tag einen 13-jährigen Jungen beim Bodyboard surfen am Virginia Beach." Bei meinem Pech hätte ich an diesem Tag auch die Bekanntschaft mit dem Raubfisch machen können. Haie werden häufig von glänzendem Schmuck angelockt. Hab ich vielleicht doch Glück gehabt?!?

An einem anderen Tag lief ich mit Maat Luigi B. den Strand von Virginia Beach entlang. Plötzlich sahen wir eine Person mit einem texanischen Stetson im Wasser stehen. Ich sagte zu Luigi: „Schau mal, der hat absolute Ähnlichkeit mit Chuck Norris." Als der Mann langsam aus dem Wasser stieg, war ich überzeugt, dass er für den Schauspieler und Karate - Weltmeister viel zu klein aussah. Wir blickten uns kurz an und liefen weiter und ließen ihn am Ufer zurück. Als wir am Ende des Tages mit dem Bus zur Base zurückfuhren, sahen wir „Chuck Norris Karate Center" und ein Stück weiter, dann dass „Chuck Norris Fitness Studio." Luigi sah mich mit hochgezogenen Augenbrauen an: „So so, … zu klein!?!" Hmm, er hat doch tatsächlich nur eine Köpergröße von 174 cm. Ich bin ein ganzer Zentimeter größer als er!!!

Im Bus zur Base sprach ich mit einem amerikanischen Sailor vom US-Kreuzer „Cape St. George". Der Kreuzer der Ticonderoga-Klasse, kam gerade von einem Hafenbesuch aus Wilhelmshaven zurück. Sie feierten dort das jährliche Volksfest „Wochenende an der Jade". In meinem Heimathafen und Geburtsort. Der Soldat kam aus Norfolk und war nun auch wieder zu Hause. Es war schon wieder einer dieser großen Zufälle, die mir zeigten, wie klein die Welt eigentlich in Wirklichkeit war. Im Hafen nutzten wir nochmals die Chance die Flugzeugträger USS „Washington" und die USS „Enterprise" zu besuchen. Der Hubschrauberträger USS „Wasp" lag ebenfalls direkt daneben und alles war beeindruckend riesig.

An einem Nachmittag brachte uns ein Taxifahrer zurück zum Schiff. Er war in den 70ern zur Zeit der RAF-Anschläge in Heidelberg stationiert. Der Fahrer erzählte uns von seiner Zeit in Deutschland und schwärmte vom deutschen Bier. Da es seine letzte Tour an dem Tag war, baten wir ihn noch kurz zu warten. Wir holten ihm aus der Messe ein paar Dosen deutsches Bier. Da er sein Taxi noch heimfahren musste, konnten wir ihn leider nicht direkt in die Messe zu einem Bier einladen. Der alte Mann freute sich mit Tränen in den Augen über das Bier und bot uns an, uns hinzufahren wo immer wir wollten.

Am nächsten Tag planten wir mit unserer Crew der „Elo-Werkstatt", einmal richtig schön essen zu gehen. Also suchten wir in Norfolk ein vernünftiges Restaurant. Die halbe Stadt bestand gefühlt aus der Naval Station. Hier gab es allein vier Mc Donalds-Filialen und wir konnten kein Fastfood mehr sehen. Auch in den Vororten der Stadt fanden wir keine Restaurants. Es gab keine Karten oder ähnliches und wir waren schon drei Stunden unterwegs. Uns fiel auf, dass es in der Stadt entweder Amerikaner mit deutlichem Übergewicht gab oder sie wirklich sportlich fit wirkten. Ein Durchschnittsbürger war recht selten. Wir gaben aus Gründen des Hungers unsere Suche auf und landeten im „Hooters". Hier gab es gut belegte Burger und noch besser gebaute Bikinischönheiten.

An den 12 Tagen in Norfolk hatten wir am Vormittag Dienst und meist schon um 11 Uhr Zeit zur freien Verfügung. Wir warteten regelrecht auf den Startschuss durch die SLA: „Dienst und Arbeitsstellen aufklaren"- „Ausscheiden mit Dienst"- „Klar Deck überall"- „Stelling frei für alle wachfreien Soldaten"

Mit einem Kameraden aus der Heizerei, dem ich bereits bei seiner Unfallregulierung am Virginia Beach geholfen hatte, fuhr ich nach Washington. Mit seinem Mietwagen ging es über Richmond, Fredericksburg, Quantico direkt in die amerikanische Hauptstadt. Sechs Stunden reichten aus, um alle bekannten Sehenswürdigkeiten abzuklappern. Wir sahen das Weiße Haus, das Capitol, das Abraham Lincoln Memorial, Vietnam und Korean Veteran Memorial und das Washington Monument. Auf dem Weg ins Hard Rock Cafe sahen wir noch das Pentagon. Abends auf dem Rückweg auch noch den beleuchteten Arlington Militärfriedhof. Es hatte sich auch mit wenig Zeit doch sehr gelohnt.

Nach unserem längsten Hafenaufenthalt in Norfolk fuhren wir erneut zwei Wochen lang Kriegsmarsch. Dies bedeutete wieder mal sechs Stunden Wachdienst, Essen, Duschen, und mit viel Glück vier Stunden Schlaf. Niemand mochte es, aber die Smuts ließen sich zum Mittelwächter immer leckere Extras einfallen. An Bord sowieso die wichtigsten Jungs.

Der Artilleriegast Axel B. stellte in der Nacht fest, dass am 20 Millimeter Geschütz wieder mal auf der Backbordseite, die Verschlusskette gerissen war. Da wir uns im simulierten Krieg befanden, musste die Waffe schleunigst wieder repariert werden. Ich lief von meiner Kriegsmarschstation, dem Torpedoraum, auf das Signaldeck zur defekten Waffe. Es war kalt, die Gischt spritzte hoch bis zu unserem Signaldeck, wir konnten trotz Knicklichtern kaum etwas sehen. Trotzdem begannen Axel und ich die Waffe auseinander zubauen und zu reparieren. Täglich befand sich durch das Meerwasser eine dicke Salzschicht auf der Waffe. Unser Schutzfilm aus Öl war mit dem Salz eine dicke klebrige Masse. Nach über einer Stunde in der Dunkelheit, waren wir fertig und der Verschluss funktionierte wieder. Uns war durch die nasse Kleidung bitterkalt und wir waren salz und ölverschmiert. Ein junger Brücken WO sagte zu uns: „Dann können Sie jetzt ja wieder auf ihre Kriegsmarschstation zurück gehen." Scheinbar hatte er keine Ahnung, was wir da draußen gerade durchgemacht hatten. Meine bestimmende direkte Antwort zum jungen Leutnant, mit einem tiefen durchdringenden Blick in die Augen war: „Falsch, für uns ist der Krieg für eine halbe Stunde beendet. Wir gehen jetzt kurz duschen und ziehen uns um." Mit diesen Worten verließ ich die Brücke und wir gingen in die Decks, um kurz zu duschen.

Während des „Kriegsmarsch" übten wir ein Seemanöver mit zwei gegnerischen Verbänden. Die Fregatte „Brandenburg" startete simuliert acht „Harpoon" Schiff-Schiff-Flugkörper, ebenso wie eine weitere Fregatte. Die 16 Flugkörper sollten nun simuliert von dem Führungsschiff, einer holländischen Fregatte, übernommen und in verschiedene Ziele gelenkt werden. Die Übernahme der Zielzuweisung funktionierte aber irgendwie nicht korrekt und so schlugen alle 16 Seezielflugkörper auf ein einzelnes unbekanntes Ziel. Ein Beobachter in einem „Sea Lynx"-Helikopter soll später gesagt haben: „Und dort, wo mal ein kleiner Fischkutter schwamm, ist heute ein sehr tiefes Loch im Ozean."

Bei einer weiteren Übung gelang es unserem Sonar-Operator, zusammen mit dem Team der portugiesischen Fregatte „Vasco Da Gama", über mehrere Tage einen Flugzeugträgerverband vor einem U-Boot der Los Angeles Klasse zu schützen. Das Angriffs-U-Boot versuchte alle Tricks, sich in den verschiedenen Salzschichten vor dem Sonar zu verstecken. Es wurde aber immer wieder vom „Sea Lynx"-Helikopter per Tauchsonar getrackt und konnte die USS „Enterprise" nicht angreifen. Im Ernstfall läuft es über zwei Helikopter ab. Der „Dipper", der erste „Sea Lynx" mit Sonar, gibt die Zielkoordinaten an das „Pony", dem zweiten Hubschrauber weiter. „Pony" hat dann zwei Torpedos mit Bremsfallschirm geladen und wirft diese auf das getauchte U-Boot. Nach dem erfolgreichen Schutz der USS „Enterprise" erhielten die „Köln" und die „Vasco da Gama" eine Belobigung des Träger-Verbandführer und ComSNFL. „Bravo Zulu".

Einmal die Woche gab es am Donnerstag den „weekly war" mit sehr viel Gefechtsausbildung. Meine Gefechtsstation befand sich im Torpedoraum. Nachts konnte man es dort mit einer Schwimmweste als Unterlage im Torpedobeladewagen gut aushalten. Im Tagesdienst beim „weekly war" hatte ich dort dafür umso mehr zu tun. Nach einem simulierten Treffer war es meine Aufgabe, von der Schanz bis zum Torpedoraum das gesamte Oberdeck nach Schäden und Verletzten abzusuchen. Unter anderem gab es auch den Radargeräteraum VII, den man nur über eine Leiter und eine Mannluke betreten konnte. Als ich die Luke öffnete, sah ich meinen Kameraden Sven S. auf dem Rücken liegen. Geschminkt mit weißem Gesicht, blauem Overall und einer Hand am Schaltschrank. Auf einem Zettel hatte der Sanitäter „Stromunfall" geschrieben. Ich zog ihn unter Eigensicherung aus dem Gefahrenbereich und machte aus einem Feuerlöschschlauch eine Trageschlaufe. Mit der Schlaufe fierte ich Sven erst durch die Mannluke und später einen Niedergang hinab. Im Zwischendeck nahm ich Sven auf die Schulter und trug Ihn im Gamstragegriff bis in die Unteroffiziersmesse, die zum Lazarett umfunktioniert war. 75 Kilo hatten ihr Ziel erreicht und Sven wurde durch unseren Stabsarzt und den Mädels weiterversorgt. In der nächsten Woche hatten wir erneut eine Übung, in der wir ein anderes Trefferbild nachspielten. Wie gewohnt machte ich meine Routinekontrollen. Mein Heckbereich war scheinbar nicht beschädigt. Als ich den Radargeräteraum erreichte, ahnte ich schon, dass mich spätestens hier Arbeit erwartete. Es war der letzte Raum, den ich kontrollieren musste und es gab in den Übungen für uns immer was zu tun. Erneut öffnete ich die Luke und Sven grinste mich schon an. Schon wieder wurde ein Stromunfall simuliert. Ich begann das gesamte Prozedere von vorne. Als ich ihn mit dem Schlauch abbergen wollte, sagte ich mit einem Augenzwinkern zu Sven: „Du hast letzte Woche gesehen, dass ich Dich abbergen kann. Heute bin ich mir nicht sicher, ob ich Dein Gewicht wirklich sicher halten kann." Sven ging selbst die Leiter hinab. Nur bis zum Lazarett trug ich ihn.

In der Elo-Werkstatt schickte ein Obermaat einen Gasten auf die Schanz, um eine Tüte mit hoch brisantem Abfall zu entsorgen. Da der Obermaat wusste, dass der Gast nichts für sich behalten konnte, sagte er ihm vorher, er dürfe dies keinem verraten. Der Gefreite fragte dennoch neugierig, was sich denn in der Tüte befände. Mit vorgehaltener Hand verriet man ihm, dass der Inhalt aus gefährlichem Spannungsabfall besteht. Mit ausgestreckter Hand trug der Gast die Tüte in Richtung der Schiffsschanz vor sich her. Auf dem Weg wurde er vor dem Leitstand von anderen Matrosen angehalten, die sich fragten, was er denn da mache. Er rief leise mit vorgehaltener Hand: „Vorsicht! Das ist ein Spezialauftrag der ELOs. Ich muss den Spannungsabfall entsorgen." Die Story war noch Tage im gesamten Schiff zu hören.

Im Bermudadreieck übernahmen wir von einem Versorger Kraftstoff. Die RAS-Versorgung erfolgte über ein Bug-Heck-Verfahren. Zwei weitere Fregatten wurden parallel neben uns mit Kraftstoff versorgt. Im Hangar unterhielt ich mich mit einem amerikanischen Soldaten, der bei uns als „Crosspoler" eingeschifft war. Er war von der USS „Peterson", einem amerikanischen Zerstörer der „Spruance"-Klasse. Das Wetter war sonnig und windstill, dies änderte sich aber innerhalb von wenigen Minuten. Die See brauste plötzlich auf zu einem Sturm und die Schiffe begannen zu schlingern. Später wurde uns berichtet, dass bedingt durch den Wetterumschwung, eine unserer Sanitäterinnen um Haaresbreite von der Back ins Meer gefallen wäre. Der Amerikaner musste sich aufgrund des starken Seegangs über der Reeling übergeben. Komisch, Amis, die bei uns mitfuhren, waren immer viel zu schnell, am „reiern". Zumindest war es diesmal nicht wieder in meiner Koje. Auf der Back wurde eine Nottrennung der Kraftstoffschläuche vorgenommen. In meiner ganzen Marinezeit habe ich keine so schnellen Wetterumschwünge erlebt wie bei diesem im Bermudadreieck. Vermutlich sind in diesem Seegebiet aufgrund der Strömungen und Winde so viele Schiffe untergegangen. Das Seegebiet ist im Übrigen gar nicht so klein und zieht sich von Südflorida, über Puerto Rico hoch bis nach Bermuda selbst.

Wir liefen mit unserem Verband die Bermuda-Inseln an. Bermuda ist ein britisches Überseegebiet im Nordatlantik. Der spanische Seefahrer Juan de Bermúdez ist übrigens auch der Namensgeber des Dreiecks und der traditionellen kurzen Shorts.

Wir hatten mit der Fregatte „Köln" das Glück direkt in Hamilton zu liegen. Die USS „Peterson" lag an der Nordwestspitze der Insel. Von Hamilton besuchte ich mit Sven S. die Tropfsteinhöhle Crystal Cove und Strände mit weißem oder rosafarbenem Sand. Traumhaft. Es war das Paradies auf Erden mit glasklarem Wasser. Wir waren uns einig, von allen Häfen waren die Bermudas der Höhepunkt unserer Seereise.

Durch das Crosspol mit dem amerikanischen Seemann hatten wir uns auf der USS „Peterson" verabredet. Er war ebenfalls Kampfsportler und trainierte genauso wie wir im Hangar. Der Helikopter-Techniker hatte eigene Matten und war auf japanisches Aikido spezialisiert. Sven und ich trainierten auf der „Köln" auf zusammengeklebten Pappkartons aus der Kombüse. Es federte uns auf dem Stahldeck kaum ab, erfüllte aber seinen Zweck. Vielleicht auch ein Grund, warum wir es beide später, unabhängig voneinander, zu Meistergraden in verschiedenen Selbstverteidigungssystemen geschafft haben. Auf der USS „Peterson" trainierten wir zusammen vor der US-Flagge und besichtigten den Zerstörer.

Meine Verlobte und spätere erste Frau Ribanu aus Java / Indonesien, sollte am folgenden Donnerstag nach Deutschland fliegen. Natürlich hatten ihre Eltern etwas dagegen und ihre Ausreise erfolgte ohne deren Einverständnis. Die komplette Geschichte füllt ein weiteres komplettes Buch, welches ich tatsächlich für meinen ersten Sohn aufgeschrieben habe. Daher schneide ich es nur kurz an. Die Kommunikation in den Auslandshäfen gestaltete sich durch die verschiedenen Zeitzonen sowohl nach Deutschland als auch nach Indonesien als äußerst schwierig. Handys gab es zu der Zeit kaum. Wir nutzten Telefonkarten oder hatten Taschen voller Kleingeld, was manchmal nur Minutengespräche mit dem Münzfernsprecher zuließ.

Am ersten Tag auf den Bermudas besprach ich mit Ribanu den genauen Ablauf ihrer Ausreise. Wir konnten wegen ihrer Eltern immer nur heimlich telefonieren. Es war aber alles perfekt vorbereitet. Meine Mutter und eine andere indonesische Freundin sollten sie vom Flughafen Frankfurt abholen. Wir hofften uns in kurzer Zeit wiederzusehen.
Ein Hurrikan steuerte aber auf die Bermudas zu und wir mussten frühzeitig von der Insel aufbrechen. Die dänische Korvette „Niels Juel" machte nur 16 Knoten Fahrt und war der langsamste „Kutter" unseres Verbandes. Ich

konnte nicht, wie vereinbart, am Donnerstag erneut mit ihr telefonieren und machte mir riesige Sorgen, ob sie in den Flieger steigt. Unser Kommandant Fregattenkapitän Dirk Geister erlaubte mir ein Telefonat über Inmarsat, dem Marine-Satelliten-Mobilfunk. Ich erreichte Ihren Onkel und sagte ihm, dass ich bereits auf See sei und Ribanu nicht weiter telefonisch sprechen könne. Ihr Onkel und ihr Bruder waren auf unserer Seite und unterstützten die Ausreise. Sie richteten Ribanu die Nachricht aus. Auf das Fünf-Minuten-Gespräch, folgte eine hohe Telefonrechnung aus dem Funkraum. Mir ging es besser, mehr konnte ich von hier aus nicht mehr beeinflussen. Wir fuhren mit niedriger Geschwindigkeit über den Atlantik. Der Hurrikan „Erika" mit Spitzengeschwindigkeiten von 205 Stundenkilometer näherte sich den Azoren.

„Erika" war zwischen August und September der einzige tropische Regensturm im Atlantischen Ozean. Das letzte Mal kam dies in der atlantischen Hurrikan-Saison 1929 vor.

Geplant war ein dreitägiger Aufenthalt in Ponta Delgada auf den Azoren. Aber daraus wurde nichts, „Erika" war bereits deutlich näher gerückt. Wir nahmen in nur sechs Stunden Liegezeit Frischwasser und Treibstoff auf und verließen die Azoren genauso schnell wieder. Niemand durfte von Bord, nicht einmal, um zu telefonieren. Noch immer wusste ich nicht, ob meine Verlobte bereits in Deutschland war. Die Warterei machte mich fast verrückt. Als wir die Biskaya erreichten, hatte sich der Hurrikan bereits an der Küste zu einem Sturm abgeschwächt. Wir hatten nun drei Tage Zeitvorsprung vor dem eigentlich geplanten Einlauftag in Wilhelmshaven. Über unseren Wachtmeister Oberstabsbootsmann E. kam ich an ein riesengroßes E-Funk Telefon heran. Es war ein enormer Knochen, mit einer langen Antenne und sehr schwer. In der Nähe des Ärmelkanals sollte es das erste Mal wieder möglich sein, damit Gespräche nach Deutschland zu führen.

Die Schiffsbesatzung kannte meine Sorgen und so stand ich mit bestimmt 15 Kameraden auf dem Flugdeck, um zuhause anzurufen. Ich rechnete damit, dass meine Mutter am anderen Ende abnahm, stattdessen nahm meine Verlobte das Gespräch an. Sie war in Deutschland und ich jubelte lautstark mit den Kameraden auf dem Deck.

Ribanu hatte am Tag ihrer Abreise ihren Eltern erzählt, sie wollte Verwandte besuchen. Stattdessen organisierte sie sich nur Stunden vor dem Flug das notwendige Visum. Sie fälschte die Unterschrift ihres Vaters und flog von Java nach Bali. Ihre Eltern wurden stutzig, als sie bei den Verwandten anriefen und sie nicht dort war. Über Nachforschungen am Flughafen erfuhren sie vom Inlandsflug ihrer Tochter nach Bali. Ribanus Eltern vermuteten, dass wir uns in Bali erneut treffen wollten. Hierher waren wir schon einmal vor Ihnen davongelaufen. Ribanu befand sich am Internationalen Flughafen Denpasar. Ihre Eltern flogen mit der nächsten Maschine ebenfalls nach Bali und suchten sie am nationalen Terminal. Sie schaffte es gerade noch unentdeckt auszureisen. Über Bangkok flog sie wie geplant nach Frankfurt. Am Einlauftag in Wilhelmshaven war es ein unbeschreiblicher Augenblick. Mein Freund Mike S. aus der Grundausbildung und seine Freundin Henni, hatte sie ebenfalls bereits schon kennengelernt und waren auch dabei. Wir heirateten noch im November in Indonesien mit meinem aufgesparten Resturlaub. Ihre Eltern hatten unsere Entscheidung akzeptiert und ihr Vater wollte sie nicht verlieren. Mein erster Sohn Nanuk wurde ein Jahr später in Wilhelmshaven geboren. Wir waren 13 Jahre verheiratet und ich lebte insgesamt auch über zwei Jahre in Indonesien.

Wilhelmshaven (1. Quartal 1998)

Während der Hafenwache übten wir jeden Tag mindestens einmal die Feuerlöschrolle an Bord. Dies bedeutete, als Wache im Brandangriffstrupp zum Leitstand zu rennen, innerhalb von zwei Minuten das Atemschutzgerät anzulegen und am Ort des Brandes zu sein. Wir waren immer ein Team aus drei Mann, wobei zwei Artilleristen (WT-Maat) die ersten beiden am Brandort waren. Sehr oft waren wir als Brandangriffstrupp genervt über die Szenarien des Leitstandes. Doch dann kamen wir auf die Idee den Spieß umzudrehen. Wir veränderten die Spielregeln, denn schließlich waren wir als Brandangriffstrupp die ersten im Feuer, die schwitzen mussten. Bei einer Übung ließ ich zehn P12-Pulverlöscher zum Brandherd anschleppen. Als das Seewasserfeuerlösch gelegt war, sprang nach unserer Fantasie das Feuer auf einen zweiten Raum über. Der WAD stand mit fassungsloser Miene vor uns, als er meine Meldung unter dem Atemschutzgerät hörte. Er dachte vermutlich: „Ihr brennt doch!" Wir konnten uns vor Lachen kaum halten, als das Schott zur Rauchgrenze wieder geschlossen war und er den Schwerschaumeinsatz vorbereiten musste. Bei einer anderen Übung klopfte ich meinem Kameraden auf die Schulter und sagte zu ihm, dass ich im Feuer bewusstlos geworden war. Ich setzte mich hin und wartete bis mich der Abwehrtrupp herausbeförderte und mit der ersten Hilfe begann. Die Wachoffiziere wussten irgendwann, sobald die alten Artillerie-Unteroffiziere Wache hatten, war es besser, kein Feuer zur Übung zu machen, ohne fast ein „Major Harbour"-Feuer zu riskieren. Uns fiel immer etwas Neues ein, um das eigentlich kleine Lagebild vollständig zu eskalieren.

Nach fast vier Jahren Dienstzeit hörten wir schon ein paar Sekunden vor den Alarmklingeln, wann ein Feuer ausgelöst wurde. Der Leitstand schaltete dazu im Schiff alle Lüfter aus und es wurde beklemmend still. Die erfahrenen WT-Maate rannten dann bereits zum Schrank mit den ASG. Auch Jahrzehnte nach meinem Ausscheiden aus der Marine begleitete mich diese Unruhe. Sobald irgendwo ein Geräusch plötzlich ausblieb und es ganz still wurde, wollte ich aufspringen, um ein mögliches Feuer zu löschen. Es ist erstaunlich, was Drill mit einem macht.

Bestimmte Frequenzen im Schiff und auch das Lüfterklappern blendete unser Gehirn irgendwann aus. Was Schiffsbesucher als lautes Geräusch beschrieben, war für uns beruhigend normal.

Bei einer Hafenwache war der überwiegende Teil aber sehr langweilig und ruhig. Wir WT-Maate kontrollierten regelmäßig den Verschlusszustand der Handwaffenkammer und der Munitionskammern. Sehr oft blieb ich gerade nachts auf der einsamen Brücke, sah mir die bunten Hafenlichter an und genoss die entspannte Ruhe, die dieser Ort ausstrahlte.

Tagsüber kam es vor, dass unser Signalmaat aus Langeweile die Flüstertüte in die Nock nahm und zum „Dampfer der Hafenrundfahrt" rüber rief: „Bitte fahren Sie weiter hier gibt es nichts zu sehen."

Unsere „Köln" war für die meisten von uns Tag und Nacht unser Zuhause. Die spätere EU-Arbeitszeitrichtlinie von 2015, die eine Übernachtung an Bord an Hafentagen nicht mehr erlaubte, zerstörte vielfach die Bindung an sein Schiff und den Zusammenhalt der Besatzung. Dies hörte ich von vielen meiner alten Kameraden. Die Marine wandelte sich zu jener Zeit.

Im Frühjahr 1998 war ich noch immer frisch verheiratet und ich versuchte natürlich, nach Dienstende immer schnell zu meiner Frau heim zu kommen. Marine bedeutete aber bekanntlich Abenteuer. Unser Slogan: „Y-Tours, Wir buchen, Sie fluchen", zeigte sich auch kurz vor dem Feierabend. Ein „Tornado"-Absturz in der Nordsee ließ uns als Flaggschiff der Rettungsaktion wieder mal schnell als erstes auslaufen. „Cöln kommt", der alte Ruf des Kreuzer der kaiserlichen Marine. Zwei Tage suchten wir nach dem Piloten und dem Flugzeug. Er wurde nie wiedergefunden und ist mit dem Jet für immer im Watt verschollen.

Mein Antrag auf Weiterverpflichtung mit der Bootsmann-Ausbildung wurde im Februar 1998 endgültig durch die Marine abgelehnt. Es gab in der Artillerie 30 Bewerbungen auf einen freien Dienstposten. Wir alle hatten die besten Beurteilungen. Eine Note „Zwei" an der Waffenschule reichte aber bereits nicht mehr aus, um sich weiterverpflichten zu können. Im Nachhinein betrachtet hat die Marine in dieser Zeit eine Menge gut ausgebildeter Soldaten verloren. Unsere Ausbildungsqualität gab es nach der Jahrtausendwende in dieser Form nicht mehr. Das Personalproblem zieht sich bis in die heutige Zeit durch. Kaum ein AWM kann heute den Verschluss der „OTO Melara" wechseln und ruft dafür das Marinearsenal. Wir konnten es als Unteroffiziere und übten es immer wieder und brauchten nur sechs Stunden dafür.

Den Wandel, den wir in den vier Jahren Marine wahrgenommen hatten, war für uns deutlich fühlbar. Einige Soldaten wurden zu Beginn der Adriatour 94 im Ausland noch als Nazis beleidigt. Es verbesserte sich von Jahr zu Jahr in den internationalen Begegnungen. Mit nur kleinen Ausnahmen: Wenn wir bei den Fußballspielen mehr Tore schossen. Nach der Amerikatour 97 waren wir gefühlt bei den ausländischen Marinen überall als Teamplayer auf Augenhöhe anerkannt.

Im Frühjahr wurde meine damalige Frau schwanger und ich ließ mich für drei Monate auf die Fregatte „Karlsruhe" versetzen. Ich verbrachte einen Teil der Zeit in Hamburg bei einem Blohm und Voss Werftaufenthalt. Zumindest am Wochenende konnte ich bei ihr sein.

Die Fregatte „Köln" fuhr in dieser Zeit nochmal einen Mittelmeereinsatz. Für mich gab es nun auch eine Verantwortung für meine Frau. Auch wenn es indirekt sehr schade war, dass ausgerechnet jetzt mein alter Kamerad Mike S. auf der Fregatte „Niedersachsen" fuhr. Wir hätten zumindest eine Seereise mit beiden Schiffen zusammen erleben können. Mike hatte ich erfolgreich mit Henni verkuppelt, eine Freundin einer Exfreundin. Daher ließ er sich auch nach Wilhelmshaven auf eine Fregatte versetzen. So schloss sich der Kreis unserer Begegnungen von der Grundausbildung bis zum Dienstzeitende.

In Rückblick auf meine vier Jahre in der Marine hat mich diese Zeit besonders geprägt. Werte wie Kameradschaft, Haltung und Tradition haben aus jungen Landratten Männer geformt. Jeder einzelne Marinesoldat hat maßgeblich dazu beigetragen, dass diese Zeit noch ewig in Erinnerung bleibt. Selbst Jahrzehnte nach meinem Dienstzeitende träumte ich nachts von Marineerlebnissen und war wieder an Bord der Fregatte. Die nächtlichen Träume endeten erst, nachdem ich dieses Buch verfasst hatte.

Im Wappen der Fregatte Karlsruhe steht das lateinische Wort „Fidelitas", das für Treue steht. Ich selbst verbinde das Wort mit „Verbundenheit", auch wenn ich schon lange nicht mehr in der Marine diene.

Nachwort

Wenn mein Großvater mütterlicherseits Ende Juli 1932 nicht seinen Zug verpasst hätte, würden Sie jetzt vielleicht ein anderes Buch gelesen haben. Er war auf dem Weg nach Kiel zum Segelschulschiff „Niobe", welches in der Ostsee kenterte. 69 Seeleute ertranken, er hatte Glück im Unglück. Mein Opa war ebenfalls Marineartillerist und Sportlehrer. Zwei Dinge, die ich von meiner Mutter erfuhr, als ich schon lange in der Marine diente und zuvor nicht wusste.

Mein Vater ist mit 15 Jahren von zu Hause los, um auf einem Frachtschiff anzuheuern. Seine Mutter war dagegen und er kam erst ein Jahr später wieder zu ihr zurück nach Hause. Als Kapitän hat er über 50 Jahre Seefahrt durchlebt. Er fuhr 1969 im Vietnamkrieg auf dem deutschen Hospitalschiff „Helgoland" und hat bei einem Flugzeugabsturz in der Nordsee einem GI das Leben gerettet. Nach der zivilen Seefahrt wechselte er später zur Bundesmarine. So war er der älteste Offizier nach der Jahrtausendwende, der in Flensburg nochmal alle Patente für Marineschiffe ablegte. Seine Erlebnisse füllen ebenfalls lange, unterhaltsame Abende.

Mein Onkel mütterlicherseits fuhr ebenfalls zur See auf dem Seeschlepper „Wangerooge". Eine Flaschenpost, die er für uns Kinder in die Biskaya warf, wurde in Madeira von einem deutschen Busfahrer wiedergefunden.

Ein zweiter Onkel mütterlicherseits fuhr die Japan-Australien-Route mit einem Frachtschiff. Er hatte in Japan ebenfalls eine Freundin. Leider verstarb er auf See bei einem Sturz in die Ladeluke, weit vor meiner Geburt. Vermutlich haben mir meine Vorfahren das Salzwasser mit in die Gene gepumpt: Schiffe, das Meer und exotische Länder. Solange ich denken kann, war und ist mein Leben doch immer mit der Seefahrt verbunden.

Anhang

Schiffsdaten der Fregatte „Köln"

Schiffsart:	Fregatte 122 Bremen Klasse
Bauwerften: Endausrüster	Blohm & Voss in Hamburg Bremer Vulkan in Bremen,
Kiellegung:	16. Juni 1980
Stapellauf:	29. Mai 1981
Indienststellung:	19. Oktober 1984
Außerdienststellung:	31. Juli 2012
Schiffsmaße:	130,5 m (Länge über alles) 121,80 m (Konstruktionswasserlinie)
Breite:	14,57 m
Tiefgang:	6,50 m
Verdrängung:	3.700 t maximal 3.800 t
Besatzung:	219 Mann inkl. Helikopter Crew
Geschwindigkeit:	30 Knoten (56 km/h)

Maschine:	CODOG-Antrieb
	2 General Electric LM2500
	Gasturbinen
	2 Dieselmotoren
Bewaffnung Stand 1994/98:	76 mm -Schnellfeuergeschütz
	„OTO-Melara"
	2 x 20 mm Geschütz von
	Rheinmetall
	NATO „Sea Sparrow"
	2 x RAM Starter
	8 x HARPOON
	4 x SRBOC-Werfer MK36
	2 x Torpedorohrsätze Mark 32
	2 x Bordhubschrauber
	„Sea Lynx" MK88A
Sensoren:	TRS-3D/32 3D Suchradar
	WM25 / STIR Feuerleitradar
	Hensoldt MSSR 2000I IFF
	Atlas Electronik DSQS Bug
	sonar
Wappen:	

Das 2. und 4. Fregattengeschwader

Die ersten sechs Fregatten bildeten zwischen 1982 und 1990 das 4. Fregattengeschwader.

Nachdem die „Augsburg" 1989 und die „Lübeck" 1990 in Dienst gestellt wurden, bildete sich das 2. Fregattengeschwader aus den Fregatten „Köln", „Karlsruhe", „Augsburg" und „Lübeck". Alle acht Schiffe wurden 2006 wieder in das 4. Fregattengeschwader zusammengefasst.

Fregatte	Kennung	Leitspruch	Rufzeichen
Bremen:	F 207	„First of Class – First Class"	DRAQ
Niedersachsen:	F 208	„Emden Voran"	DRAR
Rheinland Pfalz:	F 209	„Sturmfest und Erdverbunden"	DRAS
Emden	F 210	„Schönstes Schiff der Flotte"	DRAT
Köln:	F 211	„Cöln kommt!"	DRAU
Karlsruhe:	F 212	„Dem Ruf allzeit Verpflichtet"	DRAV
Augsburg:	F 213	„Die Wilde 13"	DRAN
Lübeck:	F 214	„Lucky Lübeck" Latest but finest	DRAO

Von 1982 bis 2022 war Wilhelmshaven der Heimathafen der 122er Fregatten. Sie unterstanden bis 2006 der Zerstörerflottille und danach der daraus hervorgegangenen 2. Einsatzflottille.

Bordorganisation

Die Fregatten der Klasse 122 hatten eine Unterteilung in sechs Hauptab-
schnitte (HA):

HA 100: Decksdienst und Navigation:

- 110   Navigation
- 120   Decksdienst

Aufgaben: Die seemännische Führung des Schiffes inklusive des Deck-
dienstes.

HA 200: Schiffstechnik:

- 210   Schiffsbetriebstechnik
- 220   Schiffselektrotechnik
- 230   Schiffsantrieb

Aufgaben: Aufrechterhaltung des technischen Betriebs (Vortrieb, Elektrizi-
täts-, Wasser-, Wärme-, Kälteversorgung, Abwasseraufbereitung) und der
technischen Sicherheit.

HA 300: Führungsmittel und Waffentechnik:

- 310   Führungsmitteltechnik
- 320   Waffentechnik

Aufgaben: Wartung und Herstellung der Gefechtsbereitschaft der Waffen-
und Elektroniksysteme.

HA 400: Zentrale Dienste:

- 410   Versorgung
- 420   Stabs- und Betreuungsdienst
- 430   Sanitätsdienst

Aufgaben: Die Ordnungsgemäße Abwicklung der administrativen Aufgaben (Besoldung, Personalangelegenheiten, u.ä.), Materialwirtschaft, Verpflegung und medizinische Versorgung.

HA 500: Bordhubschrauber:

- 500   Flughetriebsdienst

Aufgaben: Der Hubschrauber-Flugbetrieb (Die „Sea-Lynx" -Helikopter, Flugpersonal und das Wartungspersonal wurden bei Bedarf mit eingeschifft)

HA 600: Operationsdienst:

- 610   Schiffseinsatz
- 620   Fernmeldebetrieb

Aufgaben: Operativer Einsatz des Marineschiffes,
Kommunikation, Lagebilderstellung, Waffennutzung, Einsatz von Sondereinsatzkräften,

Vorgesetztenstruktur

Kommandant
Erster Offizier (IO)
Hauptabschnittsleiter (HAL)
Abschnittsleiter (AL)
Abschnittsbootsleute (AB)
Abschnittsunteroffiziere
Mannschaftsdienstgrade.

Daneben Hauptabschnittsoffizier (HAO)
Hauptabschnittsbootsmann (HAB) zur administrativen Unterstützung des
HAL und Schiffswachtmeister (SWM) in der Funktion des Kompaniefeld-
webels (KpFw).

Schiffsquerschnitt durch die Fregatte Klasse 122

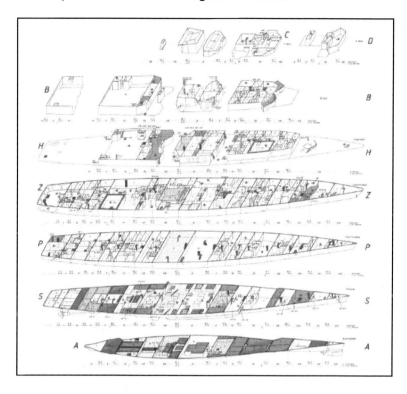

Notsignale der Schiffsglocke

ABC-Alarm:	Alpha		kurz / lang
Brandabwehr:	India	(3x)	kurz kurz / kurz kurz / kurz kurz
Leck Abwehr:	Eco	(5x)	kurz kurz kurz kurz kurz
Ruderversager:	Romeo		kurz / lang / kurz
Mann über Bord:	Mike		lang / lang
Fliegeralarm:	Foxtrott		kurz kurz/ lang / kurz

Verbrauch der Besatzung während des 110-tägigen
Adria Einsatzes STANAVFORMED

Kraftstoff / Öl:

- 2,7 Millionen Liter Diesel
- 99000 Liter Flugkraftstoff
- 10000 Liter Motoröl
- 2000 Liter Getriebeöl

Lebensmittel:

- 415 Kilogramm Kotelett
- 455 Kilogramm Filet
- 442 Kilogramm Roastbeef
- 490 Kilogramm Geflügel
- 2 Tonnen Wurstwaren
- 4500 Liter Milch
- 8200 Eier
- 5 Tonnen Mehl
- 3,75 Tonnen Kartoffeln
- 18000 Brötchen
- 3600 Brote / Baguettes

Kantine:

- 3417 Stangen Zigaretten
- 7100 Liter Fassbier
- 14500 Flaschen Bier
- 70000 Dosen Softdrinks
- 17500 Schokoriegel
- 1082 Flaschen Schnaps

- 1700 Tafeln Schokolade
- 5000 Bifi
- 11500 DM für Parfüm
- 20000 DM für Souvnierartikel

Verbrauch der Besatzung während des 126-tägigen Ständiger Einsatzverband Atlantik Einsatzes STANAVFORLANT

- Kraftstoffverbrauch 2.400 m³
- Selbst erzeugtes Speisewasser 93 m³
- Selbst erzeugtes Frischwasser 1.700 m³
- Verbrauchtes Frischwasser 3.400 m³

Hafenaufenthalte

STANAVFORMED „Operation Sharp Guard" – 19.011,6 Seemeilen

25.11.1994	Bunkerstop Algeciras / Spanien
26.11.1994 – 29.11.1994	Palma de Mallorca / Spanien
09.12.1994 – 12.12.1994	Kerkyra Korfu / Griechenland
19.12.1994 – 25.12.1994	Bari / Italien
31.12.1994 – 02.01.1995	Kerkyra Korfu / Griechenland
12.01.1995 – 16.01.1995	Patras / Griechenland
25.01.1995	Venedig / Italien
26.01.1995	Suche nach F16 Piloten in der Adria
27.01.1995 – 31.01.1995	Venedig / Italien
05.02.1995 – 12.02.1995	Neapel / Italien
24.02.1995 – 27.02.1995	Bari / Italien
03.03.1995 – 05.03.1995	Palma de Mallorca / Spanien

Deutsch-Französischer Verband AAG 113/95

24.04.1995 – 24.05.1995	Warnemünde / Deutschland
	Brest / Frankreich
12.07.1996 – 16.07.1996	Cork / Irland
19.07.1996 – 22.07.1996	Plymouth / GB
02.08.1996 – 05.08.1996	Schadensabwehrgefechtsdienstaus- bildung SAGA B in Neustadt mit Besuch in Lübeck
14.08.1996 – 16.08.1996	Stavanger / Ulsnes Norwegen
16.08.1996 – 20.08.1996	Bergen / Norwegen

Basic Operational Sea Training BOST

03.09.1996 – 09.10.1996 Plymouth / GB

Standing Naval Force Atlantic – 25.650,0 Seemeilen

19.05.97 – 21.05.97	Lissabon / Portugal
29.05.97 – 11.06.97	Halifax / Kanada
11.06.97 – 26.06.97	SWG-4 Trail / MARCOT 1/97
27.06.97 – 02.07.97	St. Johns / Kanada
08.07.97 – 12.07.97	Roosevelt Roads / Puerto Rico (US)
16.07.97 – 21.07.97	San Juan / Puerto Rico (US)
22.07.97 – 24.07.97	WORK UP 97
25.07.97 – 28.07.97	St. Kitts / Kleine Antillen
01.08.97 – 04.08.97	Ft. Lauderdale / USA
07.08.97 – 18.08.97	Norfolk / USA
18.08.97 – 01.09.97	JTFEX 3/97
05.09.97 – 07.09.97	Hamilton / Bermudas
12.09.97	Ponta Delgada / Azoren (Portugal)
01.03.98 – 28.04.98	Werftliegezeit mit der Fregatte Karlsruhe in Hamburg bei der Blohm & Voss

Marine und Seefahrtsbegriffe

A.:

Aal:	Torpedo
abbacken:	Den Tisch abräumen. (allg. seemännisch)
abflauen:	Nachlassen des Windes
Abschnitt:	Trennung der verschiedenen Tätigkeitsfelder (z.B.: Heizerei, OPZ; "11erei")
achteraus:	Alles, was hinter dem Schiff liegt
achtern:	Hinten (ab mittschiffs gesehen)
AGA:	Arbeits- und Gefechtsanzug. Die alte Bezeichnung für die Arbeitsbekleidung an Bord. Ersetzt durch BGA.
altgefahren:	Erfahrung durch lange Seefahrtszeit.
AnDiMot:	Antriebsdieselmotor
Anholen:	Eine Leine heranziehen
AK (voraus):	Äußerste Kraft (voraus), mit Höchstgeschwindigkeit fahren
Alle-Mann-Manöver:	Manöver, an dem die ganze Truppe teilnimmt, auch wenn sie Freiwache hat
Äquatortaufe:	Ein seemännisches Ritual, bei dem Mitglieder einer Besatzung, die zum ersten Mal den Äquator überfahren, in derber Form getauft werden
ARI:	Soldaten der Verwendungsreihe Marinewaffendienst (31er)
aufbacken:	Den Tisch decken. (allg. seemännisch)
auf Kiel legen:	Der Schiffsbaubeginn

aufklaren:	1. aufräumen, 2. Wetterbesserung (es klart auf)
aufpicken:	Etwas aufnehmen
aufstoppen:	Eine Vollbremsung, Maschine Stopp und Rückwärtsfahrt
Auge:	Eine Schlinge in einer Leine
ausmachen:	Ein Objekt, (Gegenstand, Fahrzeug, Boje) erkennen oder identifizieren
Außenbordskameraden:	Bezeichnung für Fische, Wale und andere Meeresbewohner
AWM:	Artilleriewaffenmeister

B.:

Back:	1. Oberdeck am Bug, 2. Esstisch
Backbord:	Die linke Seite des Schiffes in Fahrtrichtung
Backen und Banken:	Ein Mahl zu sich nehmen
Backsbulle:	Dienstältester Dienstgrad an der Back.
Backschaft:	Arbeiten in der Messe, Küchendienst
Badegast:	Eingeschiffte Person, die nicht zur Besatzung gehört
Betonschifffahrer:	Stabsoldaten
BGA:	Bord- und Gefechtsanzug, gesprochen BEGA
Beiboot:	Ein kleineres mitgeführtes Boot
Bergung:	Sicherstellen eines im Meer treibenden Gegenstandes oder Menschen
Bilge:	Der unterste Raum eines Schiffes, nach unten von Kiel und Boden begrenzt

Bilgenschwein:	Ein Fabelwesen aus der Seemanns-sprache, welches in der Bilge lebt, Un-erfahrene Matrosen sollten nach unten gehen und das Bilgenschwein füttern
Blaue Jungs:	Die Bezeichnung für Seeleute auf Kriegsschiffen
Bock:	Der Schlafplatz, auch Koje genannt
Boden-Luft-Offizier:	Ein Pfarrer (scherzhaft)
Bö:	Ein Windstoß
Bongo:	Eine Toilette
Bootsmannsgruppe:	Die Soldaten der Verwendungsreihe 11, die Dauerwächter sind; meist alt-gefahrene und erfahrene Soldaten
BOST	Basic Operational Sea Training, seit 1995 in Plymouth. Zuvor in Portland als FOST (Flag Officer Sea Training) (ab 2020 Änderung des Namens in Fleet Operational Sea Training). GOST (German Operational Sea Trai-ning)
Brecher:	Eine Welle mit brechendem Kamm, Wellenbrecher
Breitseite:	Ein gemeinsames Abfeuern aller Bordkanonen einer Schiffsseite, Im Rahmen der Flugkörpertechnik veraltet
Brise:	Ein Leichter bis mittelstarker gleich-mäßiger Wind
Brücke:	Der zentrale Ort auf einem Schiff, von dem Kommandos der Schiffsführung gegeben werden
Bruttoregistertonne:	Ein veraltetes Raummaß für die Größe von Schiffen (BRT)

Buddel:	Flasche
BÜ:	Befehlsübermittlung
Bugnase:	Das obere Bugende. In der Deutschen Marine sind farbige Bemalungen (für maximal ein Jahr) üblich: Rot für das Passieren des Sueskanals, Gelb für die Überquerung des Äquators, Blau für die Überquerung des Polarkreises, Schwarz für den Besuch des Schwarzen Meeres
Bullauge:	Ein rundes Fenster; die englische Bezeichnung lautet nicht bulleye oder bull's eye, sondern porthole. Auf den 122er Fregatten gab es nur in der Offiziersmesse Bullaugen
Bunker:	Ein Kraftstoff- oder Wassertank
Bumsköppe:	Arisoldaten (31er)
BZ / Bravo Zulu:	Gut gemacht!

C.:

Calimero:	Ein sehr großer Gefechtshelm, der an Deck getragen wird. Darunter kann noch ein Headset (Kopfhörer mit Mikrophon) getragen werden
Cargo:	Die Ladung eines Schiffes
Colani:	Zweireihige Langjacke für Mannschaftsdienstgrade der Deutschen Marine, benannt nach der Kieler Schneiderei Berger & Colani
Crew:	Die Besatzung eines Schiffes

Crossing the T:	Eine Gefechtstaktik auf artilleristisch bestückten Kriegsschiffen, die mit vielen Geschützen zur Seite aber nur mit wenigen nach vorne oder hinten feuern können. Mit Lenkflugkörpern hat dieses Manöver keine Bedeutung mehr

D.:

Deck:	Der oberste horizontale Abschluss des Schiffsrumpfs
Decksbulle:	Decksältester
Decksmeister:	Höchster Unteroffizier im seemännischen Bereich eines Schiffes (im Unterschied etwa zu Maschine oder Navigation), Synonym zu Schmadding
Decksziege:	Das Deckspersonal der Verwendungsreihe 11
Dippen:	Das Grüßen von einem Schiff zu einem anderen, wobei die Flagge halb niedergeholt wird
Diszi:	Disziplinarverfahren in dem ein mögliches Dienstvergehen von Beamten, Soldaten geprüft wird
DO:	Decksoffizier
Drang:	Kombüsenabfälle
Dümpeln:	Ein Schiff dümpelt, wenn es sich bei Windstille oder vor Anker im Seegang sachte wiegt

E.:

EDiMot:	Elektrodieselmotor (Dient zur Elektrizitätsgewinnung)
Eingefahren:	Ist eine Mannschaft und dergleichen, wenn sie mit der Handhabung ihres Schiffes vertraut geworden ist
Einnorden:	Eine Bar in einer Schlägerei auseinandernehmen oder jemanden zurechtweisen. Der Tresen wurde nicht wirklich nach Norden gedreht … aber manchmal schon
Einschiffen:	Das Anbordgehen, um eine Reise anzutreten
Eiger-Nordwand:	Eine Wand mit Verbindungsleiter auf der 122er Fregatte vom Harpoon-Deck zum Signaldeck
Elo:	Elektroniker (320er)
EloM:	Elektronischer Meister
Embargo:	1. Ausfuhrverbot für Handelsschiffe, 2. Ausfuhrverbot, Handelssperren
EM:	Elektrotechnischer Meister
EMI:	"E-Mixer" Elektrotechniker (43er Verwendungsreihe)
Ententeich:	Bezeichnung für spiegelglatte See (Flaute)
Entern:	1. Das Übersteigen auf ein feindliches Schiff; 2. Das Klettern in die Wanten = aufentern / niederentern
Entmagnetisieren:	Schiff gegen magnetische Minen schützen

Erste Geige:	Ausgehuniform der Marinesoldaten
Etmal:	Ein Etmal ist die von einem Schiff von Mittag zu Mittag zurückgelegte Wegstrecke
Exerzierkragen:	„Wäsche achtern", großer Kragen auf Matrosenblusen, der an die Zeit erinnert, als Mannschaften und Unteroffiziere noch geteerte oder geölte Zöpfe trugen. Er sollte verhindern, dass der Zopf die Oberbekleidung beschmutzte. Viele Handels- und Marinenationen übernahmen die britische Tradition, den Exkragen mit drei weißen Streifen zu versehen. Sie sollten an die drei großen Seeschlachten Nelsons bei Aboukir (1. August 1798), Kopenhagen (2. April 1801) bzw. Kap Finisterre und Trafalgar (21. Oktober 1805) erinnern. Zum Exkragen wurde ein schwarzes Halstuch zur Trauer um den bei Trafalgar gefallenen Nelson getragen, das in einigen Flotten einen kunstvollen Knoten erhielt oder als schmale schwarze Schleife ausgebildet ist. Die weiße Schleife auf dem Knoten hob die Trauer später wieder auf

F.:

Feudel:	Putzlappen, umgangssprachlich aber auch Flaggen und Wimpel

Fieren:	Wegfieren oder abfieren, schwebende Last langsam absenken, eine Leine oder Schot nachlassen, Lose geben
Fische füttern:	Meist eine Folge der Seekrankheit, sich über Bord erbrechen
Fletcherfahrer:	Besatzung eines Zerstörers der Fletcher-Klasse. Auch abfällige Bezeichnung für (ältere) Entscheidungsträger in der Marineführung, die neuen Ausrüstungsgegenständen gegenüber kritisch stehen, weil es sie damals auf den Schiffen der Fletcher-Klasse noch nicht gab
Flüstertüte:	Megafon mit Lautsprecher
FMO:	Fernmeldeoffizier
Front:	Ehrerweisung für den Kommandanten und wichtige Besucher, wird mit einer Batteriepfeife gepfiffen
FTO:	Führungsmitteltechnikoffizier
FuM:	Funkmeister
FWO:	Führungsmittelwaffeneinsatzoffizier

G.:

G3:	Heckler & Koch Sturmgewehr, Bis 1997 Standardgewehr in der BW, Abgelöst vom Heckler & Koch G36
Gary Glitter:	Feuerfester Anzug
Gasten:	Mannschaftsdienstgrade (Singular: Gast)
Gefechtsrolle:	Legt die Pflichten am Bord eines Kriegsmarineschiffes eines jeden Be-

	satzungsmitglieds für den Fall eines
	Gefechts fest
Geschwader:	Eine Gruppe von Kriegsschiffen
Glasen	Angabe der seit Wachablösung ver-
	strichenen Zeit mittels halbstündlich
	durchgeführter Glockenschläge, pro
	halbe Stunde ein Schlag bis maximal
	acht Schläge für das Ende der Wache
Glasmantelgeschoss:	Kaliber 0,33/0,5: an Land auch als
	Bierflasche bekannt
Goldhammer:	Codewort für Alarmschießen mit der
primären Rohrwaffe	
Großer Teich:	Bezeichnung für den Nordatlantik
Grundladung:	Eine bestimmte Menge an Munition die
	für den Kriegsfall vorreserviert ist
Granatpistole:	40mm, Heckler & Koch HK69, Sekun-
	därwaffe
GT:	Gasturbine

H.:

Hacksee:	Bezeichnung für sehr stürmische See
Harpoon FK:	Schiff-Schiff Flugkörper mit 150km
	Reichweite, Mach 0,85
Heimathafen:	Der Hafen, in dem ein Schiff zu Hause
	bzw. auf den es in die Schiffsregister
	eingetragen ist und wo die Reederei
	meist ihren Sitz hat
Heimatwimpel:	Ein weißer Wimpel, der von der Mast-
	spitze bis zum Heck weht. Darf von
	Marineschiffen gesetzt werden, die
	entweder den Globus umrundet ha-

	ben, oder länger als sechs Monate vom Heimathafen abwesend waren.
Heißen:	Emporziehen (Imperativ: hiss! Präteritum heißte)
Heizer:	Schiffstechniker
Heizerei:	Maschinenraum
Heizergruß:	Schwarzer Rauchausstoß aus dem Schlot der alten Zerstörer
Hellegat:	Das Höllenloch ein Schiffsraum, der zur Aufnahme von Schiffsinventar dient
Hieven:	Heben, anheben, hochziehen
Ho-Chi-Minh Pfad	Längsgang auf einer 122er Fregatte vom RAS-Deck zum Flug-Deck
Hubschrauberlandeplatz:	Neue Schirmmütze mit Bezugspannbügel
Hülse:	Eine Patronenhülse die die Treibladung trägt oder eine Flasche Bier

I.:

IO/1O (sprich „Eins Oh"):	Erster Offizier an Bord eines Schiffes
IWO/1WO:	Erster Wachoffizier an Bord eines Bootes

J.:

Jakobsleiter:	Eine von der Backspier oder an der Außenhaut zu den Booten führende Strickleiter

Jolly Roger:	Die englische Bezeichnung für die schwarze Piratenflagge
Jungfrau:	Die letzte 76mm Messing-Hülse, die nach dem abgefeuerten Schuss in der Waffe verbleibt und unbeschädigt geborgen werden kann. Ein begehrtes Souvenir an Bord

K.:

Kabbelig:	Unruhige See durch Seegang aus zwei verschiedenen Richtungen
Kabellänge:	Nautisches Längenmaß 1/10 der Seemeile = 185,20 m
Kackefangschuß:	Lösen einer Verstopfung der Vakuumtoilette auf Schiffen und Booten durch Druckaufbau im Tank
Kammer:	Wohnunterkunft des Besatzungsmitglieds
KaFü:	Kantinenführer
Keksrand:	Kennzeichnung der Offiziere an der Schirmmütze
Kellerkinder:	Bezeichnung für Heizer oder OPZler
Kiste:	Neuling an Bord
Klabautermann:	Ein kleiner Kobold, der unsichtbar an Bord des Schiffes seinen Schabernack treibt und der im Schiff klopft und rumort und entweder durch sein Erscheinen dem Schiff den Untergang anzeigt, oder der im Schiff auf Ordnung sieht und durch sein Verschwinden Unheil anzeigt. Solange er an

	Bord bleibt, macht das Schiff gute Fahrt. Der Klabautermann sorgt sich um das Schiff, seine Anwesenheit schützte das Schiff. Erste urkundliche Erwähnung im 13. Jh.
Knitterfreier:	Gefechtshelm
Knoten:	Geschwindigkeitsmaß, 1kn = 1,852km/h (1 Seemeile pro Stunde)
Koje:	Das Bett
Kombüse:	Die Küche
Kostümball:	Musterungen mit wechselnden Uniformen
Krängung:	Die Neigung eines Schiffs zur Seite (auch: Überholen des Schiffs / das Schiff holt über)
Kreuzsee:	Sie entsteht, wenn die Wellen aus verschiedenen Richtungen kommend zusammentreffen, also sich z.B. Dünung mit Windsee überkreuzt, so dass durch Überlagerung Wellen unterschiedlicher Höhe resultieren
Kutter pullen:	Rudern mit einem Marinekutter
KZH:	Krank zu Hause.

L.:

Landratte:	Marinesoldat auf nicht seegehenden Einheiten aber auch ein Zivilist
Längsseits kommen:	Anlegen, am Kai anlegen
Last:	Ein Lagerraum für alle möglichen Dinge (z.B. Kühllast, Munitionslast, Zolllast usw.)

Laufen:	Ein Schiff fährt nicht, es läuft; es läuft ein oder aus, es läuft eine bestimmte Fahrt; andererseits läuft oder fährt es nicht nach China, sondern es geht nach China
Lifebelt:	Gurtgeschirr für die Sicherung gegen Überbordfallen
Limey:	[laɪmɪ](amerikanischer) Spitzname für britische Marinesoldaten
Locken:	Ankündigen des Weckens fünf Minuten vorher
Lockruf:	Spruch, der das aktuelle Tagesgeschehen zusammenfasst oder zotige Inhalte hat und zum Locken benutzt wird
Logbuch:	Schiffsjournal, Schiffstagebuch
Luke:	Decksöffnung auf einem Schiff

M.:

Mann über Bord:	Warnruf an den Rudergänger und die Besatzung, dass eine Person über Bord gegangen ist
Manöver:	Nautisch-technische Maßnahmen, mit denen ein Schiff in eine andere Lage oder geänderte Position gebracht wird (manövrieren)
Major Harbour Fire:	Bei einem Feuer zur Übung, Brand der Hafenanlage. Großfeuer
Marinewanderpokal:	Ein leichtes Mädel
McMillan TAC-50:	Scharfschützengewehr (Kaliber 50 BMG) 12,7 x 99 mm

MdW:	Maat der Wache; Wachhabender Maat oder Obermaat
Meche:	Maschinenraum
Messe:	Speise- und Aufenthaltsraum an Bord getrennt nach Dienstgradgruppen
Messepräsi:	Vorsitzender/Verantwortlicher der Messe
Meuterei:	Rebellion auf Schiffen gegen die Schiffsleitung bzw. von Soldaten allgemein gegen den Vorgesetzten. Straftat
MG3:	Standardmaschinengewehr von Rheinmetall
Minenbock:	Bezeichnung für einen Minenjäger/-sucher
Mittschiff:	Die Region eines Schiffes, die auf der Hälfte der Strecke zwischen Bug und Heck oder auf der Längsachse liegt
Mittschiffs:	Die Nullgradstellung des Ruders bzw. der Befehl, das Ruder in diese Stellung zu bringen
Mittelwächter:	Mitternächtlicher Imbiss auf See
Monatsflasche:	Eine 1-Liter-Flasche Schnaps, die früher einmal im Monat zoll- und steuerfrei als Sofortbedarf eingekauft werden konnte
MP2:	UZI (Israel Weapon Industries IWI) Maschinenpistole
MP5:	Heckler & Koch MP5, Maschinenpistole für das Bordingteam

MUS:	Marineunteroffiziersschule (Plön); unter den Rekruten auch abgekürzt mit "Maulhalten und Stillstehen"
Musterung:	Tägliches Antreten der Besatzung oder Hauptabschnitt
Mülli:	Müllverbrennungsanlage
Mützenband:	Bestandteil der Mannschafts-Marineuniform mit Schiffs- oder Schulnamen
MvD:	Matrose vom Dienst. Diensthabender Mannschaftsdienstgrad

N.:

NavM:	Navigationsmeister
Neckermann HG:	Hauptgefreiter und Unteroffiziersanwärter mit ziviler Berufsausbildung
Nebelhorn:	Signalhorn zur Erzeugung von Schallsignalen
Neptun:	Römischer Gott der Meere, kommt bei der Äquatortaufe an Bord
Niedergang:	Eine steile schmale Treppe in die unter Deck gelegenen Räume in Schiffen verbindet
NO:	Navigationsoffizier
Nock:	Außenbereich der Brücke an Backbord und Steuerbord (Brückennock)
Nordseegarage:	Fregatten mit Hubschrauberhangar
Notsignal:	Notruf in Form von Schallzeichen oder Lichtzeichen
NSSMS:	NATO Sea-Sparrow Missile System

O.:

Ölfuß:	Heizer
Ostseerocker:	Schnellbootfahrer
OTO Melara:	Italienischer Hersteller des vollautomatischen Schiffgeschütz 76/62 76mm / Kaliber 62
OPZ:	Operationszentrale

P.:

P1:	Walther P1, halbautomatische Pistole, lange Zeit Standardwaffe der Marine
P8:	Heckler & Koch P8 Rückstoßlader, Eingeführt 1995 für das Bordingteam, heutige Standardwaffe der Bundeswehr
Päckchen:	Festmachen mehrerer Schiffe längsseits nebeneinander
Pantry:	Servier-Raum. Aber auch Backschafter
Panzerplatte:	Hartkeks aus dem EPA
Pfeifen und Lunten aus:	Befehl zur Beendigung der Freizeit an Bord von Marine-Schiffen
Pickblech:	Formbleche, die als Teller dienen
Piek:	Vorderster (Vorpiek) und hinterster (Achterpiek) Raum eines Schiffes
picken:	Essen
Pinguin:	Mannschaftsuniform (Kieler Knabenanzug), Unterwasserdrohne zur Minensuche

Plott:	Notiz- und Informationstafel. „Mitplotten" während eines Gefechtes
Plott-Bacardi:	Reinigungsalkohol zum Reinigen des Plotts, meist Isopropanol.
PME:	Planmäßige Material Erhaltung, Wartung einer militärischen Anlage oder Gerätes
Poller:	Kurzer Pfahl auf der Hafenpier aus Metall oder Holz zum Festmachen eines Schiffes
Polleraffe:	Seemann der Decksbesatzung (scherzhaft, abwertend)
Pönen:	Anstreichen
Pullen:	Rudern
Pütz:	Eimer
Provi:	Proviantmeister

Q.:

Quai:	Engl. Kai
Querab	Seitlich, im rechten Winkel zur Fahrtrichtung

R.:

RAS:	Replenishment at Sea – Versorgung in See
Reede:	Ankerplatz außerhalb des Hafens
Reinschiff:	Kommando zur gründlichen Reinigung eines Schiffes

Reise reise:	Weckruf (von engl. „to rise" - aufstehen).
Reling:	Geländer, welches um ein freiliegendes Deck oder um Decksöffnungen verläuft. Es schützt die Mannschaft vor dem Überbordgehen oder Stürzen.
Rettungsinsel:	Selbstaufblasendes, geschlossenes Rettungsfloß
Rettungsweste:	Persönlicher Auftriebskörper, der über der Jacke getragen wird und ein Ertrinken verhindern soll, heute oft mit einer automatischen Aufblasevorrichtung versehen; der Begriff „Schwimmweste" ist veraltet und bezeichnet heute nur noch eine Schwimmhilfe
Römer:	Offizier
Rolle:	1.) Einsatzplan der Besatzung (intern) 2.) Übung einer Aufgabe
Ronde:	Auf Kriegsschiffen die Schiffsbegehung des Ersten Offiziers oder des Wachtmeisters
Routine:	Der Dienstplan an Bord

S.:

Safeguard:	Keine Übung, sondern eine echte Notlage im Schiff
Schanz:	Das Achterdeck auf Kriegsschiffen
Schapp:	Sehr kleiner Raum an Bord.z.B. Lüfterraum, der in Zweitfunktion anderweitig verwendet wird, z.B. Handwaffenschapp, Schiffssicherungsschapp

Schiffchen:	Dunkelblaue Kopfbedeckung
Schlicktau / Schlicktown:	Bezeichnung für Wilhelmshaven. Es stammt aus der Kaiserzeit, angelehnt an das damalige Protektorat Kiautschou in China, "Tsingtau" war die Hauptstadt. Schlick auch in Anspielung auf das Watt
Schlüsselkind:	Soldaten der Verwendungsreihe „Versorger", Schlüssel im Anker
Schmadding:	Decksmeister
Schnellfickerhose:	Klapphose der Mannschaftssoldaten
Schott:	Quer- und Längswände zur Unterteilung und Versteifung des Schiffskörpers; auch Bezeichnung für eine Stahltür mit Vorreiber
Schwalbennest:	Balkonartiger Ausbau, z. B. unterhalb der 20 mm Geschütze der 122er Fregatten
Schwarze Gang:	Bezeichnung für Beamte vom Zoll, die an Bord kommen, um ein Schiff nach Schmuggelware etc. durchsuchen
SDM:	Stamm Dienststelle der Marine / Zentrale Personalplanung Bis 2006 dem Marineamt unterstellt
Sechsundsiebziger:	Soldat der Verwendungsreihe 76 (Marinesicherung)
Seebär:	Ein alter Seemann
Seebeine:	Fähigkeit, trotz Schlingern und Stampfen auf Deck zu gehen
Seegang:	Bezeichnet im Allgemeinen eine Oberflächenerscheinung der Ozeane und Meere in Form von Wellen

Seemannssonntag:	Kaffee mit Kuchen am Donnerstagnachmittag
Seemeile:	Oder nautische Meile ist ein in der Schiff- und Luftfahrt gebräuchliches Längenmaß und entspricht 1,85201 km
Seesack:	Ein großer Sack aus grobem Segeltuch zum Transport und zur Aufbewahrung der Kleidung und persönlicher Dinge der Seeleute
Seeziege:	Soldat in der Verwendungsreihe 11 (Decksdienst)
Seite (pfeifen):	Traditionelle Ehrerweisung für Marineoffiziere, wird mit der Bootsmannsmaatenpfeife gepfiffen
SELO:	Schiffselektronikoffizier
SEO:	Schiffseinsatzoffizier
SigM:	Signalmeister
Silverhammer:	Codewort für Alarmschießen mit sekundärer Rohrwaffe (20 mm Geschütz)
Smut / Smutje:	Koch
Soni:	Sonarmaat
SOS: (save our souls)	1908 offiziell eingeführter Morse-Notruf
Spatenpauli:	Heeressoldat
Speigatt:	Unverschlossene oder gegen seeseitiges Eindringen von Wasser durch eine Rückschlagklappe gesicherte Öffnung an den Seiten des Schiffes auf dem Oberdeck zum Ablaufen des Wassers
SRBOC:	Super Rapid Blooming Onboard Chaff

	Täuschkörperwerfer Mk 36 (Düppel-werfer)
SSO/SBO:	Schiffssicherungs- / Schiffbetriebsoffizer
SSM:	Schiffssicherungsmeister
Stampfen:	Bewegungen des Schiffs um die Querachse
Stapellauf:	das Zu-Wasser-Lassen eines neuen Schiffs in der Werft
Stelling:	eine Laufplanke zwischen Schiff und Pier oder von Schiff zu Schiff
Sterntaler:	Offizieranwärter
Steuerbord:	Die rechte Seite des Schiffes in Fahrtrichtung
STO:	Schiffstechnischer Offizier
STL:	Schiffstechnischer Leitstand
Stube:	Bezeichnung für die Wohnräume in der Kaserne.
Süßwassermatrose:	Spottname für den Binnenschiffer von Seiten der Seeschiffer
SVO:	Schiffsversorgungsoffizier
S-Pütz:	Scherzhafte Bezeichnung für Schnellboot
Spulen:	Waschen d. Oberdecks u. Aufbauten mittels Feuerlöschschlauch
SVM:	Schiffsversorgungsmeister

T.:

T 5:	Nicht Verwendungsfähig
Tellermine:	Kopfbedeckung der Mannschaftssoldaten

Tender:	Hilfs-, Verkehrs- und Versorgungsfahrzeug für ein Schiff oder einen Schiffsverband
Tide:	Der durch die Gravitation des Mondes und der Sonne verursachte Zyklus von Ebbe und Flut auf den großen Gewässern der Erde (niederdeutsch tiet = Zeit)
Turm:	Geschützturm auf Schiffen. Auf Fregatten das 76mm Geschütz aber auch der Aufbau eines U-Boots

U.:

UvD:	Unteroffizier vom Dienst

V.:

Verfangen:	Bedeutet so viel wie jmdn. ablösen
Vergattern:	Eine zeitweise Unterstellung eines Soldaten in den Wachdienst (mittelhochdeutsch vergattern für versammeln, sprachlich verwandt mit Gatte, Gatter und Gitter)
Vorpiek:	Lasten im Vorschiff
Vorreiber:	Schwenkbarer Hebel zum verriegeln
des Schott	

W.:

Wachtmeister:	Innendienstleiter, beim Heer: Spieß.

Wanten:	Eine Bezeichnung im Segelschiffbau für Seile zur Verspannung von Masten. Auf Großseglern auch zum Aufentern
Wäsche achtern:	Matrosenanzug
Wäsche vorn:	Dienstanzug ab Unteroffizier
Wahrschau:	Wahrnehmen und Schauen, allgemeiner Warnruf (Plattdeutsch wohrschau! = Vorsicht! / engl.: Watch out!)
Weiße Wand:	Riesenwelle mit Schaumkrone
Winki:	Signalgast
WTO:	Waffentechnischer Offizier

X.:

X-Band:	(Funk) Frequenzband von 5200 bis 11000MHz

Y.:

Youngster:	Seekadett, frisch von der Militärakademie an Bord

Z.:

Zauberlehrling:	Offizieranwärter
Zeche:	Maschinenraum
Zelle:	Frischwassertank
Ziege:	Soldaten der Verwendungsreihe 11/seemännisches Personal.
Ziegenstall:	Deck der Bootsmannsgruppe
Ziegeninsel:	Borkum

Zugleich:	Kommando (zuuu-gleích, wie Haurúck betont), wenn alle Mann gleichzeitig an einem Ende ziehen sollen
Zurren:	Festbinden

Danksagung

Bei der Erstellung meines Buches möchte ich mich insbesondere bei Kapitän Thomas Jaensch bedanken, der mir den Kontakt zu dem Historiker und Autor Uwe Schulte-Varendorff herstellte. Uwe hatte so viel Geduld mit mir und hat mein erstes Manuskript, mit fachlichen Tipps und sehr viel Professionalität vorangebracht. Es kamen immer neue Fragen auf, die er strukturiert und für mich dann lehr- und hilfreich beantworte. Für die Korrektur von Rechtschreib- und Satzzeichenfehler möchte ich mich bei der Deutschlehrerin Daniela Klages bedanken. Auch sie hat noch weiteren Feinschliff in dieses Buch gebracht.

Speziell möchte ich auch meinem besten Freund und damaligen Hörsaalleiter Stefan Marquardt danken. Er hat meinem Buch noch viele Tipps aus militärischer und nautischer Sicht hinzugefügt. Stefan fährt als Kapitän Frachtschiffe durch die Ozeane und ist mehrfach im Jahr, gern gesehener Gast meiner Familie. Mike Schulz, Enrico Kossak und Sven Schoolmann danke ich für beste Kameradschaft die man sich in der Marinezeit wünschen kann. Ohne Euch wäre es nur halb so schön gewesen. Danke für eure teils langjährige Freundschaft. Besonderem Dank gilt ebenfalls meiner guten Freundin Cindy Nguyen für weitere Anmerkungen und Verbesserungen im Text. In meiner Marinezeit war ich so jung wie du heute. Es freut mich sehr, dass die alten Geschichten auch bei jüngeren Lesern Interesse finden.

Dieses Buch widme ich ebenfalls meiner zweiten Frau Kerstin und meinem zweiten Sohn Tyron. Ich würde mir sehr wünschen, dass er vielleicht später auch die Liebe zur Seefahrt findet, um die Familientradition fortzuführen.

Fotohinweise:

93 R	Eintrittskarte Landsend im Juli 1996
95 L	Besuch auf dem leichten Kreuzer „HMS Belfast" im September 1996
95 R	Anker des Flottenträgers HMS Ark Royal im September 1996
99 L	Blick vom Flugdeck nach dem Auslaufen aus Lissabon Portugal im Mai 1997
99 R	Marine Patch für die Amerika-Tour SNFL 97
100 O	Besuch in der Bacardi Fabrik in Puerto Rico im Juli 1997
100 UL	20 Millimeter Geschütz Artillerie Team im Juli 1997
100 UML	20 Millimeter Geschütz Artillerie Team im Juli 1997
100 UR	20 Millimeter Geschütz Artillerie Team im Juli 1997
102 LO	X-Poll auf der USS „Stark" vor dem CIWS „Phallanx" im Mai 1997
102 LM	X-Poll auf der USS „Stark" vor dem 76 Millimeter Geschütz im Mai 1997
102 RO	X-Poll auf der USS „Stark" mit Blick auf die Steuerbord Seite im Mai 1997
102 LU	X-Poll auf der USS „Stark" vor einem SH 60 „Seahawk" Helikopter im Mai 1997
102 RU	X-Poll auf der USS „Stark" mit Blick auf die Back der USS Stark im Mai 1997
104	X-Poll auf der USS „Stark" mit amerikanischen Seeleuten vor dem Einlaufen in Halifax im Mai 1997
106 L	Zu Besuch auf der USS „Stennis" in Halifax im Juni 1997.
106 R	Auf dem Flugdeck der USS „Stennis" im Juni 1997
106 M	Auf dem Flugdeck der USS „Stennis" vor einer E2 „Hawkeye" im Juni 1997
106 LU	Im Hangar der USS „Stennis" vor einer F14 „Tomcat" im Juni 1997
106 RU	Auf dem Flugdeck der USS „Stennis" vor einem SH60 Helikopter und Mechanikern

110 L	Torpedo Beladung vor Puerto Rico im Juli 1997
110 R	Torpedo Schuss vor Puerto Rico im Juli 1997
111 L	Der Autor vor dem Sea Bees Mascottchen in Roosevelt Roads im Juli 1997
111 R	Am Strand von Fort Lauderdale im August 1997
112 L	Einlaufen in San Juan im Juli 1997
112 R	Gastfreundlicher Einheimischer US Seekadett im Juli 1997
115 L	Blick auf den Gipfel des Mt. Liamuiga St.Kitts im Juli 1997
115 R	Pause am Gipfel des Mt. Liamuiga in St. Kitts im Juli 1997
115 U	Ein altes Holzschild zeigt uns den Weg zum Gipfel auf den Mt. Liamuiga in St. Kitts im Juli 1997
116 L	Shuttel Tour in Fort Lauderdale im August 1997
116 R	Unteroffiziere auf dem Flugdeck vor dem Einlaufen in Hamilton Bermuda im September 1997
117 L	Blick vom Flugdeck in die untergehende Sonne der Karibik im August 1997
117 R	MG Reinigung auf dem Düppeldeck im August 1997
118 L	Sport im Torpedoraum im September 1997
118 R	Sport im Torpedoraum im September 1997
119 L	Sport im Torpedoraum im September 1997
119 R	Sport auf dem Flugdeck im September 1997
121	Relaxen am Virgina Beach / USA im August 1997
122 L	Besuch auf der USS „Washington" in Norfolk im August 1997
122 R	Besuch auf der USS „Washington" in Norfolk im August 1997
124 L	Ausflug zum Abraham Lincoln Memorial in Washington im August 1997
124 M	Ausflug zum Washington Monument im August 1997
124 R	Vor dem Weißen Haus in Washington im August 1997
128 L	Sightseeingtour in Hamilton / Bermuda im September 1997
128 M	Sightseeingtour in Hamilton / Bermuda im September 1997
128 R	Sightseeingtour in Hamilton / Bermuda im September 1997

Abkürzungsverzeichnis

XX L	Seite XX Bild links
XX R	Seite XX Bild rechts
XX O	Seite XX Bild oben
XX U	Seite XX Bild unten
XX M	Seite XX Bild Mitte
XX LU	Seite XX Bild links unten
XX MU	Seite XX Bild Mitte unten
XX RU	Seite XX Bild rechts unten
XX ML	Seite XX Bild Mitte links
XXMR	Seite XX Bild Mitte rechts

Quellennachweis:
https://www.bundeswehr.de/de/ausruestung-technik-bundeswehr/seesysteme-bundeswehr/luebeck-f122-fregatte

Seite 142 / 143 KCTV